AF453854

De la IIII Preuosté des Mess.rs Alexandre de Seye

Cheualier Seigneur de Chastillon le Roy etc. Conseiller du Roy en ses Conseils d'Estat et Conseil Royal des Finances
Et de LEscheuinage de M.re M.re Pierre de la Mouche Conseiller du Roy Et Auditeur de sa Chambre
des comtes, M.re Iean Delissant conseiller de ville, M.re Iean de Monhers aduocat en Parlement, Et M.re Eustache de Fauerolles
Antien receueur general des pauures Et Administrateur de l'hospital de la Trinité.
Estans M.re Simon Pietre Procureur du Roy, M.re Martin le Maire Greffier et M.re Nicolas Boucot Receueur de la ville.
Cette Ceremonie de l'entrée du Roy et de la Reyne qui se fit le vingt six.e daoust de l'année M.DC.LX.
a esté grauée et donnée au public le mesme mois de l'année M.DC.LXII. Auec priuilege du Roy pour dix ans

1

L'ENTRÉE TRIOMPHANTE

DE LEVRS MAIESTEZ

LOVIS XIV.

ROY DE FRANCE ET DE NAVARRE,

ET

MARIE THERESE D'AVSTRICHE

SON ESPOVSE,

DANS LA VILLE DE PARIS

CAPITALE DE LEVRS ROYAVMES,

AV RETOVR

DE LA SIGNATVRE DE LA PAIX GENERALLE

ET DE LEVR HEVREVX MARIAGE.

Enrichie de plusieurs Figures, des Harangues & de diuerses Pieces considerables pour l'Histoire.

Le tout exactement recueilly par l'ordre de Messieurs de Ville.

Et Imprimée l'an M. DC. LXII.

AVEC PRIVILEGE DV ROY.

Les Exemplaires se vendent

A PARIS,

Chez
{ PIERRE LE PETIT, Imprimeur ordinaire du Roy, ruë S. Iacques à la Croix d'Or.
{ THOMAS IOLY dans la petite Salle des Merciers aux Armes d'Holande & à la Palme.
ET
{ LOVIS BILAINE, au second pilier de la grand Salle au Grand Cæsar & à la Palme.
} Au Palais.

2

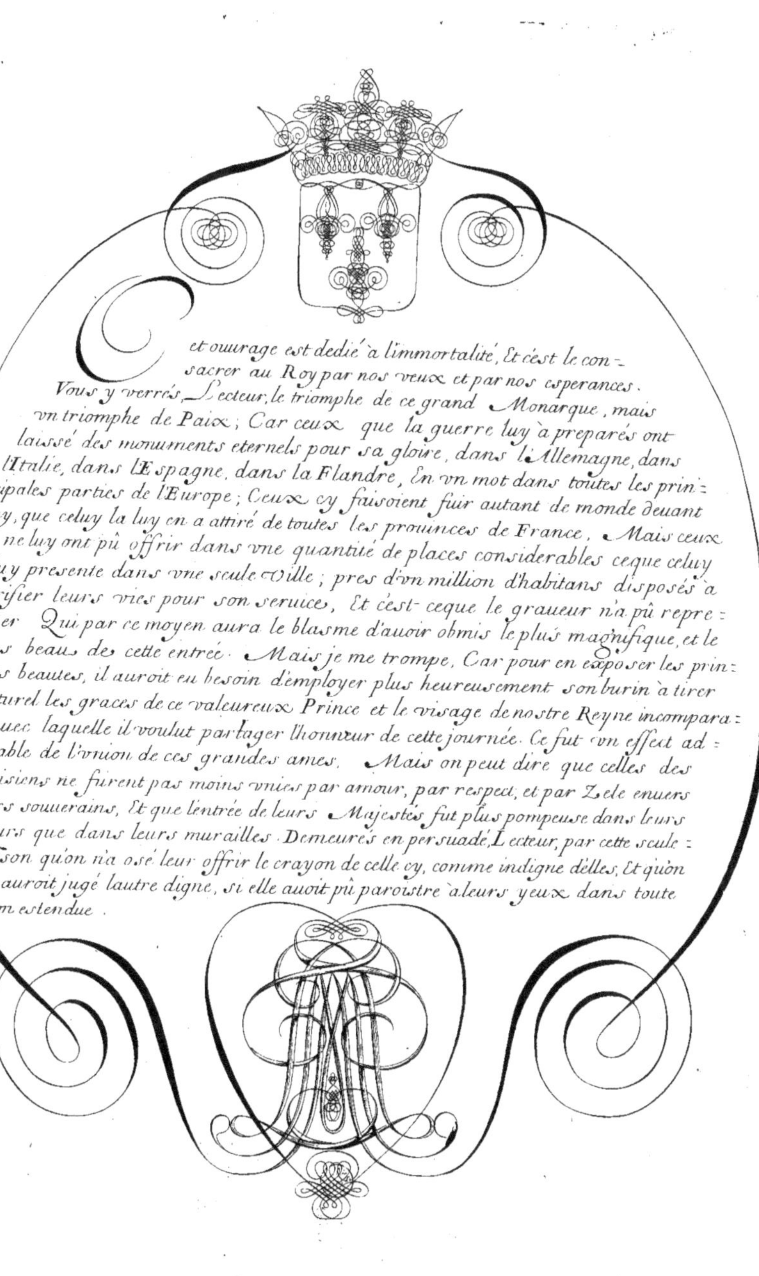

et ouurage est dedié à l'immortalité, Et c'est le con-
sacrer au Roy par nos veux et par nos esperances.
Vous y verrés, Lecteur, le triomphe de ce grand Monarque, mais
vn triomphe de Paix; Car ceux que la guerre luy à preparés ont
laissé des monuments eternels pour sa gloire, dans l'Allemagne, dans
l'Italie, dans l'Espagne, dans la Flandre, En vn mot dans toutes les principales parties de l'Europe; Ceux cy faisoient fuir autant de monde deuant
luy, que celuy la luy en a attiré de toutes les prouinces de France. Mais ceux
cy ne luy ont pû offrir dans vne quantité de places considerables ceque celuy
la luy presente dans vne seule Ville; pres d'vn million d'habitans disposés a
sacrifier leurs vies pour son seruice, Et c'est ceque le graueur n'a pû representer Qui par ce moyen aura le blasme d'auoir obmis le plus magnifique, et le
plus beau de cette entrée. Mais je me trompe, Car pour en exposer les principales beautes, il auroit eu besoin d'employer plus heureusement son burin à tirer
au naturel les graces de ce valeureux Prince et le visage de nostre Reyne incomparable, auec laquelle il voulut partager l'honneur de cette journée. Ce fut vn effet ad-
mirable de l'vnion de ces grandes ames. Mais on peut dire que celles des
Parisiens ne furent pas moins vnies par amour, par respect, et par Zele enuers
leurs souuerains, Et que l'entrée de leurs Majestés fut plus pompeuse dans leurs
coeurs que dans leurs murailles. Demeurés en persuadé, Lecteur, par cette seule
raison qu'on n'a osé leur offrir le crayon de celle cy, comme indigne d'elles, Et qu'on
en auroit jugé l'autre digne, si elle auoit pû paroistre à leurs yeux dans toute
son estendue.

ADVIS
AV LECTEVR,
POVR SERVIR DE PREFACE.

OICY enfin cette magnifique Entrée qu'il y a bientoſt deux ans que vous attendez : Et quoy qu'apparaſſant vous ſoyez bien informé que ceux qui vous la donnent aujourd'huy, n'ont aucune part à ce retardement, ils ne lairront pas de vous
en faire excuſe par ma plume, & c'eſt la ſeule que vous aurez ſur le ſujet de cette
Relation.

Quelque releué que ſoit ſon objeſt, quelque difficulté que l'on ait d'abord conceüe dans
ſon execution, je ne crains point à preſent de cautionner cette Royalle piece en toutes ſes parties, & peu s'en faut que je ne reuoque déja l'excuſe que je viens de vous faire ; les gens d'eſprit
s'arreſtent à la perfeſtion de l'ouurage, ſans s'informer de l'huile qu'il a conſommé, les produ-
ſtions acheuées demandent du temps, & celuy que vous auez employé dans vos attentes ſe
trouuera ſans doute dignement recompenſé par l'eſprit, l'adreſſe, la fidelité, & les ſoins de
ceux qui ont trauaillé à former ce Liure que je vous preſente.

Et inutilement dira-on qu'il y a long-temps que cette Ceremonie eſt faite, & que c'eſt vne
aſtion dont on ne ſe ſouuient quaſi plus, puis que c'eſt pour cette meſme raiſon qu'on a reſolu
de la donner au Public ; ſi elle eut deub eſtre toûjours preſente à ſes yeux, mal à propos auroit-
on fait cette dépenſe ; mais je me trompe, car il y a bien plus de monde qui ne l'a point veüe
que de ceux qui en ont eſté témoins, & ceux meſme qui y ont aſſiſté, à le bien prendre, ne l'ont
veüe que ſuperficiellement pour ne pas dire abſolument point du tout.

Car qui eſt-ce qui a ſceu les deſſeins des Tableaux, & compris le veritable ſens des Inſcriptions & des Deuiſes ? Qui a entendu & fait reflexion ſur les Harangues & les excellens diſcours qui ſe ſont faits au Bois de Vincennes & ſur le Trône ? Qui s'eſt informé des conteſta-
tions & des reglemens qui s'en ſont enſuiuis, qui ſont les principa les & plus importantes circonſtances de ces aſtions ? Qui a obſerué fidelement la Marche des Corps, & de chacun d'eux en
particulier ? Qui a bien démeſlé la Caualcade de la Cour ? perſonne, je le dis hardiment. Et
pour le juſtifier, il ne faut que lire les Relations qui en ont eſté publiées, voir les Pieces qui ont
paru ſur ce ſujet, dans aucune deſquelles, & celles meſmes qui ont eu plus de vogue on offre de
juſtifier juſqu'à ſoixante & quatre-vingts fautes conſiderables d'omiſſions ou de mépriſes.

Et comment auroit-il pû en arriuer autrement, puis qu'apres auoir eſtudié & recherché
cette matiere pendant dix-huiſt mois, apres auoir eu communication de pluſieurs Relations
particulieres, & de quelques regiſtres publics, apres auoir conferé auec vne partie de ceux qui
ont conduit cette Ceremonie, j'heſite encore de cautionner l'exaſtitude de cette Relation.

Ie le feray neantmoins pourueu que l'on ne ſepare point l'Eſtampe du diſcours, & que dans
la difference de l'vn à l'autre on s'en raporte plûtoſt à l'Eſcrit qu'à la figure, celle-cy eſtant limi-
tée ne peut pas entrer dans le détail des circonſtances comme l'autre, qui dans l'eſpace d'vne
demye ligne peut apprendre qu'il y auoit ſix cens Caualiers dans le Corps de Ville, au lieu qu'il
faudroit des planches entieres pour les Figurer, & quant on ſe reſtraindroit à l'expedient ordinaire qui repreſente par ſix ou huiſt Caualiers toute vne Compagnie, ſe contentant de faire
voir celles qui ſont en fonſtions ou en habits differens, ce qu'il ne faut jamais oublier, où peut-
on trouuer des Ouuriers aſſez exaſts pour ſuiure ponſtuellement dans vne ſi grande & ſi im-
menſe diuerſité, les memoires qui leur ſeront donnés ?

Ce n'eſt pas que je me plaigne de ceux qui ſe ſont appliquez à cét ouurage, tant de circonſtances obſeruées juſtifient aſſez leurs ſoins & leur adreſſe ; & bien qu'elles ſoient paruenuës

ã

au point de furprendre les veües les plus deliées, je ne déguiferay pas qu'il ne fe foit échappé quelques fautes dans la Caualcade, & je les remarque dés ce premier pas, afin que perfonne n'y foit furpris, & que chacun juge de la fincerité auec laquelle on agit. Les Bacheliers en Theologie ne doiuent point auoir de groffes fourures autour de leur col, cét accouftrement eft referué pour les Docteurs; ceux de Medecine doiuent eftre en Chappes ou longs Manteaux; ceux de Droict-Canon ne portent point de fourures, non plus que le premier Bedeau en Theologie, de Maffe; les Sergens à la Douzaine auoient des hoquetons & non des cafaques d'Archers; la Petite Efcurie n'a point deu eftre oubliée entre les mulets du Roy & la grande Ecuyrie quelque fujet qu'il y ait eu de retranchement; On pouuoit mettre à la fuite de leurs Majeftez les M. Oifelliers auec des Cages peintes en azur & femées de Fleurs-de-Lys d'or, remplies d'Oifeaux, qu'ils lâcherent au Trône, & auprés du Louvre, fuiuant l'vfage; il eut efté bon de pratiquer de la place pour diuifer les deux Compagnies de Moufquetaires qui fe trouuent jointes fur la Planche; dans l'examen de laquelle auffi bien que dedans l'efcrit on obferuera peut-eftre que le Greffier de la Ville deuoit aller auec le Procureur du Roy, ainfi qu'il fe voit dans les Regiftres qu'il a efté pratiqué en de femblables Ceremonies; mais outre que Monfieur le Maire qui tient à prefent cette charge, ayma mieux marcher de la forte, cette faute feroit peu confiderable, & je ne fçay fi le peu que nous en remarquons dans vne fi grande multitude de chofes, ne juftifie pas fuffifamment le foin que l'on a pris à cét Ouurage.

Quant à fon merite, comme il fe doit tirer de l'action qu'elle defcrit, inutilement chercherois-je des paroles pour le faire valoir, chacun fçait que cette Entrée a efté la plus belle qui fe foit encore faite, & perfonne ne doute que le fujet de ce Triomphe n'ait efté des plus dignes, & des plus confiderables.

Mais ce que je me fens obligé de vous dire de cette Relation, eft, que quoy qu'elle ne foit que d'vne action finguliere, elle ne laiffe pas de fe trouuer diuifée en elle mefme, & faire quatre parties ou traittez differens, & c'eft vn effet de l'abondance du fujet qui s'accorde affez auec l'vfage, & auec le naturel de la plus part des Lecteurs, qui demandent quelques coupures confiderables dans vn difcours de longue haleine, pour leur feruir de pofe, & comme de retraitte dans le chemin qu'ils ont à faire.

La premiere de ces parties fe r'enferme aux complimens que leurs Majeftez receurent dans le Chafteau de Vincennes à leur retour, tant des Compagnies Souueraines, que des autres Corps de la Ville, qui furent comme les preludes de cette grande Piece: & par ce que la Milice la deuança auffi de quelques jours, & qu'elle fortit à la veüe de ce Chafteau pour y rendre fes refpects en fa maniere, on a creu ne pouuoir dire à propos de quelle forte elle s'en acquita, lors qu'elle parut en bataille deuant le Roy, qu'en ce mefme lieu.

La feconde defcrit tous les preparatifs qui fe firent dans l'enceinte de la Ville, comme le Trône, l'Obelifque, les Arcs de Triomphes, & les autres ornemens dont elle fut enrichie; apres en auoir rapporté la difpofition & la figure, elle entre dans l'explication des Peintures & des Infcriptions qui formoient chacune de fes Pieces.

La troifiéme n'embraffe qu'vn jour, mais vn jour digne d'vne eternelle memoire, puis qu'il vit triompher le plus genereux Prince, & la plus accomplie Princeffe de l'Europe: On peut voir en cét endroit non feulement l'ordre & la fuite de la marche; mais encore les Ceremonies, & les Complimens qui furent faits fur le Trône.

La quatriéme ramaffe toutes les fuites de cette grande journée comme le *Te-Deum* qui fut chanté le lendemain dans Noftre-Dame, les feux de joyes qui fe firent par la Ville, & particulierement celuy d'artifice qui joüa le Dimanche fuiuant fur la Riuiere, vis à vis du Chafteau du Louvre.

Ainfi vous voyez la diuifion naturelle de ce Corps en quatre parties: la premiere fe peut dire particulierement eloquente, la feconde curieufe, la troifiéme exacte, la quatriéme affectueufe. La premiere marque l'efprit de refpect & de foûmiffion des Compagnies en general, & en particulier la viuacité & la folidité de celuy de leurs Chefs; la feconde confirme le zele de nos Magiftrats municipaux pour le feruice du Roy, & la gloire de la Ville dont ils ont la conduite; la troifiéme fait voir l'authorité, la grandeur & l'opulence du Roy de France, & de fon

Royaume; la quatriéme rend témoignage de la deuotion de ce mefme Prince enuers Dieu, & de celle de fes Sujets à fon feruice.

Or toutes ces Relations font enrichies de Figures, taillées fur le cuiure, les vnes en ont plus, les autres moins felon que le fujet l'a defiré, comme l'on n'a point affedté de groffir cét Ouurage, ny de le rendre plus cher par la multiplicité des Planches, on n'a pas cherché à en diminuer le trauail ny la dépenfe par l'efpargne de quelques vnes; bien-loing de ce ménagement on a augmenté le nombre de celles qui auoient efté prefcrites d'vn quart, & les a-on fait charger d'vne fois plus de trauail que l'on n'y eftoit obligé: en quoy je puis dire, & ce auec d'autant plus de liberté que j'y ay la moindre part, qu'on a reüffi fi heureufement, qu'elles ne doiuent point apprehender de paroiftre, & d'entrer en lice auec les plus belles que les Relations d'Italie & des Pays-bas nous ont fournies en de pareilles rencontres; les plus Critiques ne trouueront rien à redire affeurément à la corredtion de leurs deffeins, & les curieux y reconnoiftront des beautez qui ne font point de honte aux Originaux.

Auffi a-on pris foin d'employer d'habiles gens, & l'on doit rendre ce témoignage qu'ils ont trauaillé auec courage & generofité, il fuffit pour le juftifier de dire que les Sieurs Chauueau, Poüilly, Marot, le Pautre, Flamen, & Cochin, n'ont pas refufé ce qui eftoit de leur miniftere pour acheuer promptement cét Ouurage.

Quant à l'Autheur de la Relation, ne vous attendez pas de trouuer icy fon nom, ny que je trahiffe fa modeftie pour contenter voftre curiofité: la fienne l'auoit porté à faire quelques memoires de cette memorable adtion, qu'il pretendoit conferuer auec d'autres affez curieux fur ces matieres qu'il a dans fon cabinet, dans la fuite du temps s'eftant trouué engagé par le refpedt qu'il doit, & l'attache que fa naiffance luy donne à aucun de ceux qui doiuent prendre la principale part dans la publication de cét Ouurage, de mettre fes mefmes Memoires en meilleur ordre; il en a fait fon diuertiffement pendant plufieurs mois, & enfin a confenty qu'on me le dépofaft entre les mains en l'eftat que je vous le prefente.

Cét eftat je vous le diray par aduance, car vous en jugerez mieux que moy par la fuite, eft affez accomply, le difcours n'eft ny trop eftendu ny trop refferré, l'ordre naturel vous en auoit déja veu vn échantillon dans la partition de l'ouurage, l'exadtitude eft fi grande que vous y verrez peu de circonftances de quelque poids à l'hiftoire qui y foient oubliées, la fidelité fi entiere, qu'il n'a pas mefme voulu déguifer la verité en faueur de fa patrie & de fes amis: & c'eft particulierement contre ces deux derniers chefs que la plus part de ces fortes de Relations choppent. Elles defcriuent hardiment les chofes plus belles, qu'elles n'ont efté en effet, & negligent de rapporter quantité de circonftances, qui faute d'auoir efté remarquées, laiffent de la confufion dans l'efprit de ceux qui ne voyent les chofes qu'en peinture, donnent des fcrupules à ceux qui les ont veües, & forment dans la fuite des temps ou du moins laiffent indecifes mille conteftations toûjours trop frequentes & importunes en ces occafions.

C'eft ce que l'Autheur a tâché particulierement d'éuiter, & fur quoy on le trouuera peut-eftre vn peu delicat; mais enfin jamais Relation n'a efté blâmée pour eftre trop exadte, tant s'en faut c'eft vn des caradteres des plus effentiels de fa perfedtion; Quand l'eftenduë du difcours & la longueur de la piece ne procede que de ce cofté, elle eft loüable, & le feul contre lequel on peut legitimement reclamer, eft lors que par des repetitions inutiles & de longues recherches d'humanitez, l'on double & l'on triple le corps naturel d'vn ouurage. C'eft ce que vous ne trouuerez point en celuy-cy qui fe peut glorifier de quelque chofe de particulier, & il eftoit bien raifonnable que la plus belle Entrée qui fe foit encore veüe en France, fuft la plus exadtement, la plus fidellement, & la plus dignement confiée à la Pofterité.

✦✦✦✦✦✦✦✦✦✦✦✦✦✦✦✦✦✦✦✦✦✦✦✦✦✦✦

OECONOMIE ET DISSECTION
DE TOVT L'OVVRAGE
SELON L'ORDRE DES CHAPITRES
ET LA SVITTE DES PLANCHES.

A Dedicace qui consiste aux trois premieres planches ; dans l'vne les Preuost des Marchans & Escheuins sont au pied du Roy ; dans l'autre est escrite l'Epistre dedicatoire ; la troisiéme est du Portrait de sa Majesté.

La Preface ou l'aduis au Lecteur.

L'arriuée & sejour de leurs Majestez au Chasteau de Vincennes.

Les Complimens faits en ce lieu par les Compagnies Souueraines, & autres Corps, nomément par celuy de Ville.

La Reueuë de la Milice representée dans la planche , & démelée dans l'écrit exactement.

La description du premier Arc de Triomphe qui fut fait dans le Fauxbourg saint Anthoine auec sa Planche.

La porte saint Anthoine representée sur trois planches differentes , & en autant de sections ; sçauoir la Fausse-porte ou barriere, l'Arc de Pierre sur le Pont Dormant , & le pont-leuis.

Description du Parnasse auec sa planche.

Le Pont Nostre-Dame en perspectiue auec l'explication de toutes les sentences , & dans vne seconde planche son Arc de Triomphe.

L'Arc du Marche-neuf figuré & décrit soigneusement.

La Place Dauphine en trois sections & autant de planches ; sçauoir le plan , l'éleuation de l'Amphitheatre , & l'obelisque.

L'Hostel de Ville.

Discours general sur les Arcs de Triomphe & de leurs musiques en particulier.

Le Trône ou haut Dais descrit & figuré.

Preparatifs au iour de l'entrée , où à l'occasion de la Reyne Mere il est parlé du Palais de Madame de Beauuais que l'on a graué en cét endroit.

Marche du Clergé tant seculier que regulier.

Marche de l'Vniuersité & son discours sur le Trône.

Marche de la Ville & son Compliment sur le Trône.

Marche du Chastellet & son discours.

Marche de la Cour des Monoyes & son discours.

Marche de la Cour des Aydes & son discours.

Marche de la Chambre des Comptes.

Marche du Parlement & son compliment.

Entrée & marche de la Cour en l'ordre suiuant.

Train de son Eminence.

Escuyries des Maisons Royalles.

Chancelliere.

Maison du Roy.

Seigneurs de la Cour.

Officiers de la Couronne.

LE ROY.

Les Princes du Sang.

Autres Princes & Ducs.

La Reyne & sa suitte.

Le tout representé en cinq planches.

Le Te-Deum chanté à Nostre-Dame & la disposition de toutes choses en vne estampe.

Le feu d'Artifice en vn autre , expliqué amplement par la Relation.

La deliurance des Prisonniers.

La naissance de Monseigneur le Dauphin & les réjoüissances faites à ce suiet dans la Ville de Paris.

RETOVR DV ROY
ET SON SEIOVR
A VINCENNES.

 E Roy ayant donné la Paix à ſes Eſtats, & vne Reyne à la France, reuint enfin de ce grand voyage qui l'auoit occupé ſi heureuſement & ſi glorieuſement, pendant vne année. Le lieu qu'il choiſit aux enuirons de Paris pour ſa demeure fut le Bois de Vincennes, diſtant du Faux-bourg ſaint Anthoine d'vne petite lieuë, & non moins agreable pour ſes ſuperbes bâtimens que pour ſes vaſtes enclos qui forment vn Parc d'vne grandeur inconceuable.

Les ordres precis pour vne Entrée reguliere n'ayans eſté enuoyées que de Fontaine-belleau, la Ville n'auoit pas encore peu diſpoſer les choſes qu'elle preparoit pour vn Triomphe de cette importance, ce qui obligea leurs Majeſtez de faire quelque ſejour en cette maiſon Royalle; la Reyne-Mere cependant vint à Paris; où le Roy ſon fils luy rendit ſouuent des viſites; mais auec ſi peu de ſuite qu'elles ſeroient demeurées ſecrettes & inconnuës, ſi ſa taille & ſon port ne le diſtinguoit de tous ſes Sujets. Ceux que cette grande Ville renferme, ne ſe contentoient pas de le voir ainſi en paſſant, & comme à la dérobée, ils alloient tous les jours en foule à Vincennes pour conſiderer plus attentiuement ce Roy de Paix, & admirer la Princeſſe qu'ils eſperoient en deuoir eſtre le lien comme, ils eſtoient perſuadez qu'elle en auoit eſté vn des principaux motifs.

Or quoy que ce langage müet exprimaſt aſſez le ſentiment des Pariſiens ſur le retour de leurs Majeſtez, les Magiſtrats municipaux de cette grande Ville, en la bouche deſquels reſide ſi aduantageuſement la parole de tous ſes Habitans, l'employerent le premier jour d'Aouſt de l'année mil ſix cens ſoixante, pour faire valoir ces meſmes ſentimens de joye, d'amour, & de reſpeƈt; & par la bouche de Monſieur de Séve Preuoſt des Marchands, luy dirent?

SIRE,

Voſtre Majeſté peut lire ſur nos viſages les ſentimens de joye & de reconnoiſſance qu'elle a excitée dans nos cœurs : Et il nous eſt aduantageux qu'elle reconnoiſſe par elle-meſme ſon Ouurage, ſans nous reduire à la neceſſité de nous en expliquer, par ce que nous n'auons point de paroles pour y ſatisfaire.

Et ce qui la ſurprendra ſans doute, eſt que noſtre empeſchement ne procede pas du coſté qui luy paroiſtra le ſeul difficile, j'entends du coſté de la reconnoiſſance; car quoy qu'en ſacrifiant aux intereſts & au repos de l'Eſtat, la gloire de vos Armes que la viƈtoire n'a jamais abandonnée, voſtre Majeſté ait comblé la meſure des graces dont elle nous pouuoit preſentement obliger; quoy que par le conſeil de cette Illuſtre Alliance toûjours heureuſe à la France, voſtre Majeſté ait porté ſes ſoins juſques dans les ſiecles à venir, pour la conſeruation de cette Monarchie, & qu'ainſi par l'vne & l'autre de ſes actions voſtre Majeſté ſe ſoit éleuée au deſſus de tout ce que noſtre reſſentiment en peut dire; neantmoins ce meſme reſſentiment ne manqueroit point de paroles pour nous retirer du ſilence, & comme il eſt continuellement appliqué à la veüe de vos bontez, comme il n'a point de plus chers ny de plus ordinaires entretiens que des faueurs dont nous vous ſommes redeuables,

A

il ſeroit mal-aiſé qu'il n'eût conſerué quelques termes pour ſe faire entendre au moins foiblement ſur vn ſujet d'vne ſi grande eſtenduë.

Mais, S I R E, comment pourrons nous entrer dans vos joyes, & vous expoſer les noſtres, nous qui n'ayants eu juſques icy l'eſprit occupé qu'apres les fâcheuſes idées des peines & des trauaux où vous vous expoſiez, n'auons jamais eſtudié le langage de la joye, pour nous ſecourir en cette occaſion? Ce n'eſt pas qu'au bruit de vos Victoires & de vos Conqueſtes, nous n'ayons ſouuent remply l'air de nos feux, & de nos cris d'allegreſſe, & le Ciel de nos actions de graces; mais auec cela on ne peut pas dire que ces grands ſuccés aient eſté à noſtre égard le ſujet d'vne parfaite réjoüiſſance, ayant appreſté à voſtre Majeſté de nouuelles fatigues, & par conſequent à nous auſſi de nouuelles inquietudes.

Or, S I R E, nous ozons eſperer que voſtre Majeſté aymera cét entretien müet de nos viſages, puis que c'eſt le langage de nos cœurs, & vn langage qui ne connoît point l'artifice & le déguiſement.

Les benedictions de voſtre Mariage, les aduantages de Paix nous inſtruiront cependant de cét autre langage que nos bouches ne ſçauent qu'à peine parler, ils nous enſeigneront ces agreables termes, & ſi deſirés de vos Peuples pour leur ſoulagement; que la malice & les neceſſitez de la guerre malgré l'innocence d'vne fidele conduite auoient preſque abolis, & que la ſageſſe incomparable de voſtre Conſeil, j'entends de ce Conſeil de Paix qui fait aujourd'huy l'admiration de l'Europe, & l'amour de vos Sujets, va faire reuiure.

Mais, S I R E, comme ces biens ſont des dons du Ciel, la joye qu'ils produiront dans nos ames, ſuiura auſſi les mouuemens de celle que Dieu répand dans le Ciel. L'on ne l'employe qu'à loüer, qu'à ſeruir, qu'à aymer l'Autheur de ſa felicité: voſtre bonne Ville en fera de meſme, & adorant le premier Ouurier de noſtre bonne-heure en celuy qui le repreſente ſur terre, elle ne conceura pour voſtre Majeſté que des penſées de loüange, d'obeïſſance, & d'amour; Elle n'aura des vœux que pour voſtre gloire, ny d'autre ambition que pour voſtre grandeur.

Que ſi ſon deuoir la tourne quelquesfois vers ces grandes Reynes, dont l'vne a tant contribué au bon-heur de l'Eſtat, & l'autre le va perpetuer, elle ſuiura d'autant plus fidelement vos inclinations, & elle attachera d'autant plus conſtamment les cœurs de ſes Habitans à celuy de voſtre Majeſté, pour nous rendre ſans fin & ſans reſerue ſes tres-humbles, tres-obeïſſans & tres-fidels ſeruiteurs & Sujets.

Le Roy ayant répondu tres-obligeamment à ce diſcours, le Preuoſt des Marchands auec ceux de la Ville qui l'accompagnoient, paſſa dans l'appartement de la Reyne, où le genoüil en terre comme deuant le Roy, il luy dît :

M ADAME,

La ville de Paris capitale de la France, & la premiere de l'Europe, remplie non de la vanité de ſa grandeur, mais de la gloire de celle de ſon Roy, ſe perſuadoit d'eſtre arriuée à vn poinct de bon-heur qui ne laiſſoit plus rien à ſes ſouhaits pour l'aduancement de ſa fortune. Si elle paſſionnoit le Mariage de ce Prince incomparable, ce n'eſtoit pas qu'elle pretendiſt porter plus haut la felicité dont elle joüiſſoit, mais ſeulement pour la faire paſſer aux ſiecles à venir par la ſuite d'vne lignée qui fuſt heritiere d'vn ſang ſi Illuſtre & ſi Genereux. Mais que peut-elle dire quand elle voit aujourd'huy en voſtre Perſonne Sacrée tant de graces, tant de Majeſté, tant de belles, & de grandes qualitez, ſi non qu'elle ne connoiſſoit pas ny tout le bon-heur ny toute la grandeur que Dieu luy auoit reſeruée?

Cependant M A D A M E, peut s'en faut qu'encore que l'eſclat de cette lumiere naiſſante deſſus nous, ouure nos yeux à des biens inconnus, réueille nos ſouhaits par de nouuelles eſperances, & ne touche à l'heureux eſtat dans lequel nous viuions que pour nous éleuer à vne condition plus heureuſe; peut s'en faut, dis-je, & l'oſeray-je dire? que noſtre Ville ne reſiſte de receuoir auec reconnoiſſance vn aduantage ſi conſiderable, & qu'elle ne s'emporte à reprocher en meſme temps, & à la grandeur de noſtre Roy, d'auoir juſques icy en quelque façon ſurpris nos deſirs en les r'em-pliſſant entierement de ce qu'il ne leur deuoit pas ſuffire; & au merite de noſtre Reyne, j'entends de voſtre Majeſté MADAME, de nous auoir fait ſi promptement ſortir des bornes que ce grand & braue Monarque auoit mis à nos ambitions & à nos reſpects, pour chercher ailleurs, mais pour releuer d'ailleurs que de luy les derniers trais de noſtre bon heur.

Il eſt vray que ce n'eſt pas offencer ſa grandeur que de regarder en voſtre Majeſté vne portion de ce ſang Auguſte qui luy a inſpiré auec la vie de ſi beaux ſentimens de courage, d'honneur, & de vertu, comme ſeule capable de l'acroiſtre; ce n'eſt pas bleſſer ſa gloire que d'eſtimer ce que ſon Election y adjoûte; & c'eſt encore moins retirer nos vœux & nos reſpects du lieu où nous les auions placez pour l'en honorer, que de les remettre en vos mains où nous rencontrons la meilleure partie de luy meſme.

Auſſi faut-il aduoüer que nous nous ſentons affermis par de nouuelles chaiſnes dans les deuoirs de noſtre amour, & de noſtre ſujetion enuers luy, depuis celles ſous leſquelles il vient de ſe captiuer ſi heureuſement pour ſon contentement & pour celuy de la France. Et ſi au lieu que les autres Souuerains donnent pour l'ordinaire au ſeul intereſt de leurs Eſtats le choix d'vne alliance ſortable, le noſtre a encore voulu conſulter & en croire ſes inclinations; c'eſt en quoy nous luy ſommes le plus redeuables. Oüy MADAME, il nous auroit fait moins de bien s'il n'auoit accordé ſes affections auec noſtre bien, car quoy qu'en partageant ſon cœur que ſes Sujets poſſedoient ſans partage, il ſemble nous en oſter vne partie, il ſe trouue en effet que par cette agreable vnion du voſtre au ſien nous ne perdons rien de l'vn, & faiſons vne acquiſition aduantageuſe de l'autre.

Que nous ſommes heureux, MADAME, de nous pouuoir flater d'vn ſi grand bien; mais que nous le ſerions bien dauantage, ſi nous en eſtions flatés par loracle de voſtre bouche, & qu'il pleût à voſtre Majeſté de nous aſſeurer de ſa bien-veillance & de ſa protection Royalle. Nous vous la demandons, MADAME, dans l'aſſiette la plus ſoûmiſe dont nous ſommes capables au nom de tous les Ordres de cette Ville, & ſi cette grace n'eſtoit au deſſus de toutes ſortes de prix, nous vous la demanderions en eſchange de nos biens & de nos vies que nous conſacrons tous à voſtre ſeruice.

Ce n'eſt pas que je ne ſçache que vous en eſtes déja la Reyne par le droit de voſtre Couronne, mais vous en ſerez encore la Maiſtreſſe par le ſacrifice que nous vous en faiſons, & jamais ſacrifice ne ſera plus pur ny plus fidele que celuy dans lequel nous proteſtons à voſtre Majeſté d'eſtre inuiolablement ſes tres humbles, tres-obeïſſans, & tres-fidels ſeruiteurs & Sujets.

Le quatriéme du meſme mois, les Compagnies Souueraines furent auſſi par députez rendre leurs deuoirs & complimenter leurs Majeſtez, ce que les autres Corps firent en ſuite ſelon l'ordre des Audiences qui leur fut marqué de la part du Roy par le Maiſtre des Ceremonies. Et ce qui eſt à obſeruer eſt qu'ils n'haranguerent pas ſeulement le Roy & les Reynes; mais qu'ils furent auſſi faire cópliment à ſon Eminence. Et comme ce pas eſtoit aſſez delicat, le Premier Preſident du Parlement apres auoir finy ſa Harangue au Roy, luy fit entendre que la Compagnie conſiderant les grands & ſignalez ſeruices que Monſieur le Cardinal Mazariny luy auoit rendus & à ſon Eſtat en cette occaſion, auoit eu penſée de députer vers luy pour l'en remercier; mais comme cét honneur eſtoit extraordinaire & ſans exemple, elle ne pouuoit point le faire ſans la permiſſion de ſa Majeſté, & ſans ſçauoir ſi elle l'auroit agreable. A quoy le Roy répondit: Ie croy que vous ne doutez pas que cela me ſera tres-agreable.

SORTIE
DE LA MILICE DE PARIS
HORS LA VILLE
ET SA DISPOSITION,
A LA VEVE DE VINCENNES.

L'ACTION que nous auons entrepris de décrire, eſtoit trop conſiderable pour eſtre renfermée dans les limites d'vn iour, & quoy que pendant l'eſpace de pluſieurs ſemaines, elle eût donné occaſion aux Bourgeois de la Ville de Paris, de ſolemniſer preſque autant de Feſtes qu'il s'eſt paſſé de journées ; il falloit qu'vne generalle eſtablie par vn ordre public, ſeruiſt de prelude à la ſolemnité dont le terme approchoit.

Le Roy fourniſt luy-meſme l'occaſion à cette Feſte, il ſceut que les Preuoſt des Marchans & Eſcheuins, dans le deſſein de rendre ſa reception auſſi magnifique qu'il auoit témoigné le ſouhaitter, n'auoient pas oublié de commander quelque Milice. Il auoit meſme entendu dire à ceux qui l'auoient obſerué dans ſes reueuës qu'elle marchoit en aſſés bon ordre: ſoit que ſa Majeſté ſouhaitaſt d'en iuger par elle meſme, qu'il deſiraſt donner ce diuertiſſement à la Reyne ſon Epouſe qu'il auoit appellée en part de ce Triomphe ; ou que dans le mouuement de la bonté qui luy eſt naturelle il eût bien voulu reconnoiſtre par l'honneur de ſa preſence, le zele que chacun auoit témoigné par la dépenſe qu'il auoit faite, & l'empreſſement dans lequel il eſtoit de voir & d'eſtre veu de leurs Majeſtés ; le Roy fit ſçauoir à Meſſieurs de Ville, qu'il ſeroit bien-ayſe que cette Milice Bourgeoiſe ſortiſt ſes portes, & paruſt dans la campagne aux enuirons de Vincennes.

Les ordres en execution de ce commandement ayans eſté enuoyés pour le Lundy vingt-troiſiéme iour d'Aouſt, dés le matin chacun ſe prepara à cette ſolemnité, les vns furent prendre place ſur les paſſages, les autres gaignerent les champs, pendant que ceux qui auoient eſté commandés, ou plûtoſt qu'il n'auoient pas eſté rebuttés par les Officiers, ſe rendirent chez eux pour de là prendre le poſte qui leur auoit eſté marqué ſur le Pont-neuf, ou aux enuirons.

Le Preſident de Guenegaud l'vn des Colonels, & qui auoit eſté eſleu dans le Conſeil de Ville par les autres pour commander cette Milice, y eſtant arriué ſur les neuf heures, on commença auſſi-toſt à filer en cét ordre, par la place-Dauphine, le marché-neuf, le Pont noſtre-Dame, la Greve, & les ruës du Mouton, de la Tiſſeranderie & ſaint Anthoine.

A la teſte de tous marchoit ledit Colonel General, veſtu d'vn Brocard d'or auec de larges paſſemens d'or & d'argent, & monté ſur vn Cheual d'Eſpagne couuert d'vne houſſe de Brocard d'or, & ornée autant qu'il ſe pouuoit de rubans & de plumes, quatre de ſes Gentils-hommes à cheual alloient deuant luy, & autour de ſa perſonne ſix pages & vingt-quatre laquais de de ſes couleurs extraordinairement enrichies ; les culottes des ſix pages eſtoient de drap verd auſſi-bien que les haultes-chauſſes des laquais, mais au lieu que les pourpoints de ceux-cy n'eſtoient que de futaine iſabelle, les pages les portoient de ſatin, & l'vn deux marchoit toûjours auec la pique haulte immediatement deuant ſon Maiſtre.

Les ſeize Regimens eſquels toute la ville eſt diuiſée, & qui pour euiter confuſion, auoient

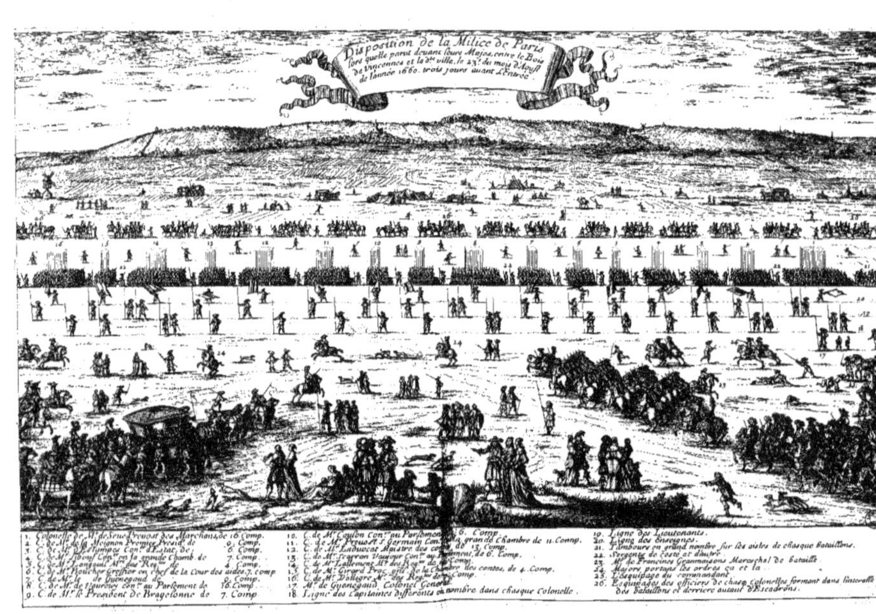

Disposition de la Milice de Paris lors qu'elle parut devant leurs Majes[tés], entre le Bois de Vincennes et la d[it]e ville, le 23e du mois d'Aoust de l'année 1660, trois jours auant l'Entrée.

1. Colonelle de Mr de Seue Preuost des Marchans, de 16. Comp.
2. C. de Mr de la Moignon Premier Presid.t de   9. Comp.
3. C. de Mr d'Estampes Con.r d'Estat, de   6. Comp.
4. C. de Mr Riboeuf Con.r en la grande Chamb. de   7. Comp.
5. C. de Mr Longaueil M.re des Req.tes de   4. Comp.
6. C. de Mr Boucher Greffier en chef de la Cour des aides. 7. comp.
7. C. de Mr le   de Guenegaud de   9. Comp.
8. C. de Mr de Tubœuf con.r au Parlement de   16. Comp.
9. C. de Mr le President de Bragelonne de   7. Comp.
10. C. de Mr Coulon Con.r au Parlement de   6. Comp.
11. C. de Mr Preuost S. Germain Con.r a la grande Chambre de 11. Comp.
12. C. de Mr Ladvocat Maistre des co.tes de 13. Comp.
13. C. de Mr Fearron Vauqur Con.r au Parlement, de 6. Comp.
14. C. de Mr Lallement M.re des Req.tes de   Comp.
15. C. de Mr Girard Proc. g.l de la Chambre des contes, de 4. Comp.
16. C. de Mr Dollagre M.re des Req.tes de   Comp.
17. Mr de Guenegaud Colonel General.
18. Ligne des Capitaines differents en nombre dans chasque Colonelle.
19. Ligne des Lieutenants.
20. Ligne des Enseignes.
21. Tambours en grand nombre sur les aisles de chasque Bataillon.
22. Sergents de costé et d'aultre.
23. Mr de Francines Granmaisons Mareschal de bataille.
24. Majors portans les ordres ça et la.
25. L'Equipage du commandant.
26. Esquipages des officiers de chasq Colonelles formant dans l'intervalle des bataillons et derriere autant d'Escadrons.

esté reduits à trente hommes pour compagnie, le fuiuoient felon l'ordre de reception, & l'an-
cienneté de leurs Colonels, par laquelle leur marche a efté de tout temps reglée. Chacun de ces
Regimens ou Colonelles quoy que beaucoup differentes en nombre de foldats, faifoit fon
corps feparé, & marchoit fur quatre lignes, les piquiers au milieu ; les Capitaines alloient les
premiers, les Lieutenans à la tefte du fecond corps des moufquetaires, & les Enfeignes aux piques, tous montés fur des cheuaux de prix, houffez & enharnachés de differentes manieres,
mais femblables pour la richeffe & la magnificence de leurs accouftremens ; chacun auoit deuant luy, deux, quatre, fix & huit laquais veftus proprement de fes couleurs, ceux des Capitaines & des Lieutenans portoient leurs piques, les Enfeignes auoient remis leurs Drappeaux
au troifiéme rang des piquiers entre les mains des appointés ; & quoy que ces Officiers euffent
pris vn foing particulier de fe parer, qu'ils n'euffent rien efpargné dans l'affortiment de leurs
habits, dans le choix & la richeffe de leurs eftoffes pour paroiftre en vne fi belle occafion, ils
fe trouuerent egallés par nombre de leurs Soldats qui vinrent fi leftement veftus qu'on auroit
confondu les fimples factionnaires auec les Commendans, s'ils n'auoient point eu d'autre
diftinction que leurs habits : on leur en auoit laiffé le choix & la difpofition toute entiere, &
feulement les auoit on engagés d'affecter dans leurs plumes & leurs rubans les couleurs que
leurs Colonels auoient choifi pour le difcernement de leurs trouppes.

Celle de Monfieur de Seve à prefent Preuoft des Marchans qui marchoit la premiere fous la
conduite des fieurs Tronfon & Bourlon Lieutenant Colonel & premier Capitaine, comme fe
trouuant fous le plus Ancien Colonel, & qui pour cette raifon portoit feule le Drappeau
blanc, auoit dans la mefme veuë pris cette couleur qu'elle couppa d'vn ruban vert en faueur
de fon Colonel qui de tout temps porte cette liurée ; & quoy que cette trouppe ne fuft pas fi
brillante que quelques autres qui la fuiuoient, elle ne laiffa pas d'eftre remarquée, & de paroiftre autant par l'eclat & l'vniformité de fes pourpoins blancs, de fes bas & de fes plumes d'vne
mefme parure. Ce qu'elle auoit encore de fingulier & qui ne la faifoit pas moins regarder, eftoit
vn Chirurgien de l'Artillerie nommé la Palme qui marchoit à fa tefte comme pour luy faire
faire place, auec vn iupon & des chauffes affés ferrées, d'vne legere eftoffe de diuerfes couleurs,
vn fimple mouchoir au col, & vne toque ornée de quelques plumes blanches toutes droites fur
la tefte, il joüoit de l'efpadon, de la hallebarde & des autres armes de cette nature, auec tant
d'adreffe qu'elle merita d'arrefter la veuë du Roy, & mefme de le diuertir quelque temps lors
qu'il arriua fur le Trône.

La Colonelle de Monfieur de Lamoignon premier Prefident au Parlement, commandée
par le fieur Heliot Lieutenant Colonel, portoit le blanc & l'incarnat.

Celles de Monfieur d'Eftampes Valancey Confeiller d'Eftat, conduite par le fieur Frou-
mentin Capitaine, auoit le vert, l'aurore & le gris-de-lin.

Celle de Monfieur Tibeuf de Bouuille confeiller en la Grande-Chambre, le blanc & le ci-
tron, elle eftoit commandée par le fieur Gay.

Celle de Monfieur de Longeüil Maiftre des Requeftes & Chancelier de la Reyne-Mere,
auoit à fa tefte le fieur Barangue Lieutenant Colonel, & pour liurée, le jaune & le gris-
de-lin.

Celle de Monfieur Boucher Greffier en Chef de la Cour des Aydes, portoit le verd & la
couleur de rofe, & obeïffoit au fieur de Bonhaire.

Celle de Monfieur de Guenegaud Prefident en la troifiéme des Enqueftes, & commandant
en cette journée, auoit meflé le blanc & l'oranger auec le vert, marchant en fon ordre fous
celuy du fieur de la Croix Capitaine.

Celle de Monfieur de Vaurouy Confeiller au Parlement, auec garniture ifabelle, bleue
& noire, fuiuoit le fieur Quelin Capitaine.

Celle de Monfieur de Bragelonne Prefident aux Enqueftes, auoit le verd, le gris-de-lin &
le blanc, & pour Chef le fieur Galand Lieutenant Colonel.

Celle de Monfieur Coulon Confeiller en la Cour, auec fes liurées de blanc & bleu, auoit
pour Commandant le fieur Brandin.

Celle de Monfieur Preuoft faint Germain Confeiller en la Grande-Chambre, fous le Com-

mandement du ſieur Ianart Capitaine, portoit la couleur de roſe meſlée auec le vert &
le blanc.

Celle de Monſieur l'Aduocat Maiſtre des Comptes, auoit pris le verd pour liurée, & pour
Chef le ſieur Croiſet.

Celle de Monſieur Scarron de Vaujour Conſeiller au Parlement, conduite par le ſieur Por-
rail Lieutenant Colonel, meſla du vert & de l'incarnat auec le gris-de-lin.

Celle de Monſieur Lallemant maiſtre des Requeſtes qui auoit à ſa teſte le ſieur Deshallus,
pour ſe diſtinguer de la precedente, changea l'incarnat en blanc.

Celle de Monſieur Girard Procureur General de la Chambre des Comptes, ne prit point
d'autre liurée que celle de ſon Colonel qui eſt le bleu & l'iſabelle, & eut pour Chef le ſieur Ri-
quier Capitaine.

Enfin la derniere Colonelle qui eſt celle de Monſieur d'Aligre Directeur des Finances,
Commendée par le ſieur du Laurier Capitaine, auec force plumes & rubans bleus fermoit cette
marche, laquelle au ſortir du Fauxbourg prit ſur la gauche le long du chemin de la Piſſotte, &
aboutit à la hauteur du Chaſteau de Vincennes.

Or comme leurs Majeſtés deuoient ſortir de ce lieu, & que par conſequent le poſte plus aduantageux eſtoit celuy qui s'en trouuoit le plus proche, comme deuant eſtre le premier veu; &
que d'ailleurs l'inegalité de la campagne ne permettoit pas que l'on priſt vn autre endroit pour
faire voir ces Galantes trouppes ſur vne meſme ligne, la premiere Colonelle ſe trouua à la gauche; & ainſi alternatiuement toutes les autres à l'égard de leurs ſuiuantes.

En arriuant ſur le champ, les Sergens de chaque Colonelle auoient pris ſoin d'en former vn
bataillon de ſix de hauteur, ce que beaucoup firent ſi adroittement, ſans interrompre la marche, que des gens-de-guerre qui les virent agir, creurent que l'on les auoit empruntés des trouppes reglées.

Entre chacun de ces bataillons differens en groſſeur ſelon que les Colonelles l'eſtoient en
Compagnies, il y auoit des interualles conſiderables vis à vis deſquels & plus en arriere on auoit
fait mettre les cheuaux & les équipages, tant pour ne point embaraſſer que pour ſeruir d'vne
agreable perſpectiue par cette diſpoſition aſſés approchante de celle d'vne bataille; à la repre-
ſentation de laquelle les Viuandiers qui auoient ſuiuy en tres-grand nombre, & que l'on tenoit éloignés de ce meſme coſté, ne ſeruoient pas peu.

Les Officiers faiſans face du coſté du chemin de Vincennes, eſtoient la pique à la main à la
teſte de leurs trouppes, diſpoſées ſur trois differentes lignes; ſçauoir les Capitaines ſur la plus
auancée, vis à vis la premiere manche du bataillon; les Lieutenans ſur la deuxiéme vis à vis la
ſeconde manche; & les Enſeignes au milieu ſur la plus proche des piquiers ayans leurs Drappeaux ſur l'eſpaule.

Le nombre de ces Officiers eſtoit encore moins reglé que celuy des factionnaires, auſſi
auoit il eſté laiſſé indecis par les ordres de la Ville, preſque tous ceux de la Colonelle de Preuoſt qui eſt compoſée de vnze compagnies s'y trouuerent, la premiere qui en a quinze n'auoit
que huit Officiers, & ainſi des autres dont il ſeroit long de rapporter tous les noms, & il auroit
eſté encore plus difficile de les ramaſſer, de ſorte que l'on s'eſt trouué icy comme obligé de ſe
reſtraindre aux ſeuls Commandans, quoy que les autres n'ayant pas moins merité du public,
par l'honneur qu'ils luy ont fait en cette agreable occaſion; entre leſquels il y auroit quelque iniuſtice de ne rien dire en particulier de ceux qui accepterent pour cette ceremonie les
charges de Majors puis qu'outre la deſpence qu'ils ne firent pas auec moins de profuſion, ils
eurent vne fatigue extraordinaire à ſupporter, qui fut aſſeurement tres conſiderable; mais tres
heureuſe.

Ces Majors demeurerent toûjours à cheual pour porter & faire executer les ordres aux Sergents
qui agiſſoient dans leurs bataillons de coſté & d'autre. Les Tambours & les Fifres en tres grand
nombre, tous bien veſtus, & la pluſpart aux deſpens des Colonels & de leurs liurées, enrichies
de bandes de velours, de galons d'argent & autres ſemblables ornemens, ſe tinrent comme ils
ont coûtume ſur les ailes.

Quand au Commandant General, il eſtoit à la teſte du premier bataillon plus aduancé de trois pas que tous les autres Officiers , il tenoit comme eux sa pique à la main ; mais son équipage estoit à costé de luy sur vne ligne particuliere tirée du coin de ce bataillon au Chasteau de Vincennes.

Sur les trois heures le Roy en sortit precedé de ses Mousquetaires & suiuis de force Noblesse, il vint droit à la teste des bataillons qu'il considera attentiuement l'vn aprés l'autre , iusques au dernier, ayant toûjours proche sa personne Monsieur de Thurenne. La Reyne leur fit le mesme honneur : mais comme son carrosse auoit pris vn autre chemin , elle se trouua insensiblement à la queuë de ces bataillons, le long desquels elle remonta iusqu'au premier, ne donnant pas de moindres marques de sa satisfaction qu'auoit fait le Roy. Et en effet iamais Milice Bourgeoise ne parut plus leste n'y mieux disciplinée, il n'y auoit pas vn Soldat qui n'eût son bouquet de plume & sa garniture en confusion, chacun garda si iustement ses distances que les rangs sembloient auoir esté dressés au cordeau ; tous auoient des picques, ou des bandoüilleres , mesches & mousquets, ainsi qu'il leur auoit esté prescrit , & ce qui est inouy , aucun ne s'eschapa dans l'excés de son zele d'en tirer vn seul coup.

Or bien que par le Mandement de la Ville qui prescriuoit de tirer seulement vingt Soldats de chaque compagnie, qui toutes ensemble, comprises celles des Faubourgs, vont à cent quarente cinq, il ne se deût trouuer que quatre à cinq mil hommes dans cette reueuë, il y en auoit d'effectifs plus de huit mil, compris les Officiers. De Seve faisoit sept cent douze factionnaires ; les neuf compagnies de Lamoignon, quatre cent cinquante six ; les six d'Estampes, trois cent ; les sept de Tibeuf, trois cent dix-huit, les quatre de Longueil deux cent vingt-quatre ; les sept de Boucher, deux cent soixante-huit ; les neuf de Guenegaud, cinq cens quarante-six ; les quinze de Vaurouy, neuf cent trente-deux, les sept de Bragelonne , quatre cent soixante-quatre , les six de Coulon, trois cent quatre-vingt ; les vnze de Preuost, sept cent ; les treize de l'Aduocat , sept cent vingt-huit ; les six de Scaron , trois cent ; les quinze de Lallement, six cent quarante-quatre ; les quatre de Girard, deux cent vingt-quatre, & les vnze d'Aligre, six cent soixante, & encore eut on bien de la peine à les restreindre à ce petit nombre, chacun voulant prendre part à cette action, & s'y offrant de si bonne grace, & en si bon équipage qu'il estoit difficile de luy donner l'exclusion.

Et bien qu'il n'y ayt personne de ceux qui sont entrés en part de cette ceremonie qui ne soit digne de son eloge , on ne sçauroit en refuser vn particulier au sieur de Francines Gran-maisons Lieutenant Criminel de robbe courte, qui en qualité de Mareschal de Bataille, a agy auec tant de soin, & disposé si prudemment toutes les choses, qu'elles ont esté dignes de plaire au plus Grand Roy de la terre.

Premier Arc de Triomphe a l'entrée du Faubourg sainct Anthoine.

PREPARATIFS
DANS LA VILLE
DE PARIS,
POVR LA RECEPTION
DE LEVRS MAIESTEZ.

ES anciens Romains foigneux plus que tous les autres peuples
de marquer l'eftime qu'ils faifoient de leurs Hommes Illuftres,
fe font feruy de diuerfes fortes de monuments, dont on voit encore des veftiges tres confiderables apres tant de fiecles ; ils
honoroient la vertu des vns par les Statuës de marbre, & de
bronze qu'ils leurs confacroient, ils marquoient la grandeur des
autres par les Colomnes & les Pyramides qu'ils elevoient dans
les places publiques, ils dreffoient des Arcs de triomphes à leurs
Conquerans, fur lefquels leurs plus confiderables actions eftoient
taillées & confiées à la pofterité.

Si ces Peuples qui ont eu l'aduantage de donner la loy à tout le monde connu de leur
temps, ont bien voulu au fujet dont nous parlons la receuoir des Grecs, quoy qu'ils
vécuffent dans leur dépendance : La Ville de Paris toute floriffante qu'elle eft, ne doit
point faire difficulté d'aduoüer qu'elle a fuiuy leur exemple ; auec cette difference neantmoins que comme elle auoit à honorer dans vn mefme triomphe les vertus que l'ancienne Rome a toûjours veu diuifées dans fes Heros, elle s'eft fentie obligée de ramaffer
& de reunir tous les differens monuments dont elle s'eft feruie pour refpecter leur merite ; & d'en inuenter mefme de nouueaux, ainfi que l'on verra dans la fuitte de cette
Relation.

ARC DE TRIOMPHE DV FAVXBOVRG
Saint Anthoine.

LE premier Arc qui fe prefente à l'entrée de ce fauxbourg vis à vis l'Abbaye de Saint
Anthoine a efté conduit par le fieur Meflin ; & il n'eft pas moins recommandable
pour fon Architecture reguliere non pas feulement feinte fur la toille, comme il fe pratique en de pareilles occafions, mais taillée de relief felon l'ordre Dorique ; que par vne
grandeur fi furprenante que bien loin de pouuoir eftre comparé à tout ce que la France a veu jufques à prefent, il le peut difputer aux plus grands dont l'antiquité nous ait
laiffé des reftes. Auffi auoit-il dix thoifes de face fur huit de hauteur, & bien que bafty
dans le milieu d'vne ruë, il ne laiffoit d'eftre ifole de tous coftez, en forte qu'il formoit
cinq grandes ouuertures pour le paffage ; deux entre fes extremitez & les maifons, & les
trois autres entre les fix Colomnes qui coftoyoient les trois portiques de ce fuperbe baftiment.

Ces Colomnes de fix à fept pieds de circuit parroiffoient de marbre rouge jafpé, comme leurs bazes & chapiteaux de bronze. Elles eftoient pofées fur des pieds d'eftaux ; les
deux du milieu faifoient & fouftenoient vn corps plus aduancé de leur efpoiffeur feulement, lequel eftoit peint en marbre blanc auffi bien que tout le fonds de cét edifice, à

A A

la referue de la table où eftoit l'infcription.

L'Arcade du milieu, de treize pieds & demy fur vingt-quatre de haut, eftoit fermée par vne clef en forme de confole qui portoit vn bufte de femme, dont la tefte chargée d'vn cafque faifoit affez voir que c'eftoit celuy de la Vertu; à l'afpect de laquelle les deux Renommées qui paroiffoient volantes dans les angles de l'impofte fembloient auec raifon s'animer extraordinairement.

Les deux autres portiques ayant vne demie thoife moins d'ouuerture, laiffoient vne efpace de trois pieds depuis leur ceintre jufques à la frife, que l'on referua pour deux bas reliefs; celuy de main droite fut confacré au triomphe du Roy, celuy de main gauche à celuy de la Reine.

Dans le premier on voyoit ce jeune Prince affis fur le derriere d'vn char à l'antique tiré par quatre cheuaux attelez de front, au lieu de fceptre il tenoit dans fa main vne branche d'oliue; vne Victoire volante apres luy mettoit fur fa tefte vne couronne de Mirthe, feüillages qu'il prefere en cette rencontre comme les fymboles de la paix & de l'amour qui le font triompher fi glorieufement.

A la queüe de fon char eftoient liées les Diuinitez que les autres victorieux auoient mefme refpecté dans leurs triomphes: Mars & Bellonne feruant de principalle matiere à celuy-cy, eftoient contraints nonobftant leur fierté, d'y paroiftre à la chaîne, les furies qui ne les abandonnent jamais les accompagnoient en leur defaftre.

Diuerfes autres figures paroiffoient autour du Roy faire la principale partie de fa pompe; les plus reconnoiffables eftoient, la Paix, l'Abondance, la Magnificence; qui par la gayeté de leur port & de leur marcher tefmoignoient la joye qu'elles receuoient de leur reftabliffement dans le plus floriffant Eftat de l'Europe.

Or quoy que toutes ces chofes s'entendiffent affez d'elles.mefmes., on ne laiffa pas de les deueloper par ce diftique Latin qui fut mis au deffous.

POSTQVAM TERRIBILI VICIT REX OMNIA MARTE
VINCERE QVEM POSSET MARS SVPRD VNVS ERAT.

Lequel peut eftre ainfi traduit en noftre langue vulgaire,

Apres que ce Grand Roy s'eft foûmis l'Vniuers,
Mars feul reftoit à vaincre, il le tient en fes fers.

Dans l'autre bas relief qui eftoit à la gauche & en cymeterie de celuy-cy. La Reine ainfi qu'autrefois la Mere des Dieux, eftoit portée fur vn Char attelé de deux lyons. Elle tenoit vne branche d'oliue à la main auffi bien que le Roy, & eftoit couronnée par vn petit Amour qui voltigeoit fur fa tefte, fon Cortege eftoit la Pieté, l'Innocence, la Fidelité, & toutes les autres Vertus qui regnoient dans le fiecle que les Poëtes ont nommé d'Or par excellence, & qui le feront reuiure en nos jours par l'entremife de cette Augufte Princeffe. Son Chariot de Triomphe eftoit fuiuy par vn tas d'Efclaues qu'elle auoit affujettis à la chaîne pour ne leur pas laiffer la liberté de courir le monde comme ils faifoient; Les principaux & les plus remarquables eftoient l'Enuie, la Ialoufie, le Menfonge, & l'Impieté.

Pour correfpondre au diftique qui eftoit du cofté du Roy on mit icy le fuiuant,

VICTOREM MARTIS PRÆDA SPOLIISQVE SVPERBVM.
VINCERE QVÆ POSSET SOLA THERESA FVIT.

Que l'on a rendu François en ces deux autres vers,

Therefe feule a pû vaincre par fes regars
Ce Superbe Vainqueur qui triomphe de Mars.

Comme toute la beauté de cet Arc eftoit fondée fur fa grandeur, on eût creu diminuer de fa majefté fi l'on fe fût mis en peine de le charger de divers ornemens non neceffaires, c'eft ce qui fit que l'on fe contenta de dorer les Triglifes de fa frife, & de relever en mefme meftail dans fes Metopes les Chifres & les Armes de leurs Majeftez diſpoſez en ſorte que les L, les M , & les T, les fleurs de lys & les chaſteaux de Caſtille eſtoient entremeſlez en eſgalle quantité.

Lattique qui eſt ce corps elevé de ſept pieds au deſſus de la corniche, & qui ſe trouuoit couppé en trois par le moyen de celuy du milieu que nous avons dit cy-devant eſtre plus aduancé , eſtoit formé de trois tables.

Sur celles des coſtez on avoit peint en maniere de bas reliefs des feſtons d'où pendoient de grandes guirlandes de fleurs reliées d'or , & chargées chacune d'vne deuiſe. Celle qui eſtoit au deſſus du Roy portoit DEDIT ILLE DIEM, au tour d'vn Soleil lumineux & eſclattant. L'autre eſtoit remplie d'vne belle Lune en ſon plain auec ces paroles DEDIT ILLA QVIETEM, ce qui convenoit aſſez juſte à leurs Majeſtez, puiſque le Roy ne donne pas moins de jour & d'eſclat à la Ville de Paris par ſa preſence, que le Soleil qui eſt le plus beau & le plus lumineux de tous les eſtres creéz en communique aux parties de l'Vniuers qu'il eſclaire , & que la Reine belle & pure comme cet autre Aſtre qui preſide aux heures deſtinées pour le repos, nous en procure vn plus ſenſible, dont nous joüirons auſſi bien pendant le jour comme durant la nuiᶜᵗ.

La table du milieu eſtoit faite d'vn jaſpe rouge & blanc de quinze pieds de long , on y mit en gros caracteres d'or cette inſcription :

LVDOVICO. ADEODATO. ET. MARIÆ THERESÆ.
CHRISTIANISS. PACIFIC. AVGG. OPT. MAX.
ORBE. NVPTIIS. PACATO. VRBE. ADVENTV. RECREATA.
VOTIS. PVBLICIS. VOTIS. ÆTERNIS.
SVMMA. OMNIVM. ORDINVM. ALACRITATE. SVSCEPTIS.
D. N. M. Q. EORVM. CIVES. PARISI. L. M. PP.

Pour apprendre à toutes les Nations que cet arc de triomphe auoit eſté conſacré par les Citoyens de la Ville de Paris aux Majeſtez tres Chreſtiennes, Pacifiques, tres-hautes, & tres Puiſſantes LOÜIS DIEV-DONNE' & MARIE THERESE qui apres auoir mis tout le monde en paix par leur mariage , & réjoüy cette Ville par leur heureuſe arriuée ont eſté receus par des vœux publics , & des vœux eternels de tous les ordres avec vne allegreſſe non-pareille.

Mais afin que perſonne n'en pût douter, & que par des caracteres plus ſenſibles chacun connut avec quel eſprit ces Triomphateurs eſtoient receus dans la capitale de leur Royaume, on diſpoſa ſur le plus haut de lattique ſix figures de relief plus grandes d'vn tiers que le naturel, qui ſervirent d'vn agreable & magnifique couronnement à ce premier Arc.

Celle qui fut poſée ſur langle plus proche de l'Abbaye Saint Anthoine , tenoit en l'vne de ſes mains vn cachet, en l'autre vne clef, & avoit à ſes pieds vn Chien, ſymboles aſſez expreſſifs de la FIDELITE.

La ſeconde eſtoit l'OBEÏSSANCE, aſſez reconnoiſſable par le caueçon qu'elle portoit, & encore plus par l'air modeſte & ſoumis de ſon viſage.

Et parce que la parfaite Obeïſſance doit eſtre accompagnée de gayeté, on mit la IOYE tout auprés d'elle ſous la forme d'vne jeune fille eveillée qui portoit en ſa main vn de ces longs baſtons entourés de fleurs que les Anciens ont nommé Ceſtes.

Sur le coſté gauche du corps advancé de lattique paroiſſoit vne autre jeune fille, belle & agreable, couronnée de genièvre, qui eſt vne plante qui ne meurt point, & dont le bois ne pourrit jamais; Elle avoit à ſes pieds vn Elephant , qui eſt l'animal le plus memoratif des biensfaits qu'il a receus, en quoy conſiſte la RECONNOISSANCE que cette Statuë repreſentoit.

La cinquiéme marquoit l'vnion mutuelle des volontez de tous les Corps dans les devoirs qu'ils auoient à rendre à leurs Souverains , & à leurs Bienfaicteurs ſous la figure de la CONCORDE, repreſentée par vne femme qui s'appuyoit ſur vn de ſes faiſſeaux que l'on portoit devant les Conſuls Romains.

La derniere plus proche de la Halle , par l'aſſeurance de ſon maintien , & la colomne qu'elle embraſſoit, teſmoignoit aſſez n'eſtre pas d'humeur à changer , mais au contraire vne fermeté inebranlable dans les regles de son devoir, aussi estoit-elle là pour representer la Constance.

Toutes ces Figures regardoient du costé de la Campagne, vers laquelle la principalle face de l'Arc estoit tournée, les trois autres ne devant estre veuës qu'apres coup, auoient esté moins soignées, est vne marque que rien du necessaire ou de la bienseance n'y fut oblié, est, que les espoisseurs qui estoient de dixhuit pieds, & les plafonds du Portique sous lequel leurs Majestez devoient passer estoient semés de grandes roses antiques distribuées dans diuerses pieces coupées d'Architectures.

Entrée du pont Dormant de la porte Saint Anthoine
Iean Maroy Sculp.

PORTE
SAINT ANTHOINE.

Voy que nous ne faſſions qu'vne ſtation en cét endroit, la diſpoſition du lieu demande que nous la diuiſions en trois parties, & qu'apres auoir conſideré l'entrée du Pont Dormant, nous nous arreſtions à cét Arc de Pierre qui le borne du coſté de la Ville, auant que d'en enuiſager la porte qui receut auſſi pour cette feſte des ornemens particuliers.

Mais auant tout obſeruons l'œconomie & la diſpoſition generalle des choſes, & des lieux qui furent preparés pour cét illuſtre triomphe ; les trois principaux ſont celuy dont nous auons icy à parler : le Pont Noſtre-Dame & la Place Dauphine ; & quoy que celuy du milieu qui joint la Ville auec la Cité fut tres-magnifique, & qu'il participaſt de la ſolidité de la Porte Saint Anthoine & de la grandeur de la Place Dauphine, il eſt certain que ces deux icy l'emporterent par ces meſmes qualitez ; ce qui n'eſtoit pas ſans deſſein : car il falloit imprimer fortement à ceux qui aborderoient la ville vne idée de ſa grandeur, & c'eſt ce que faiſoit cette premiere ſtation où la ſolidité ſe trouuoit jointe à la magnificence, pour memoire eternelle de cette fameuſe Paix & de cét auguſte Mariage : la derniere renouuelloit les meſmes idées qui auoient eſté entretenuës de temps en temps par les Arcs de triomphe qui ſe trouuerent diſpoſez aſſez juſtement entre chacune de ces principales ſtations, & ainſi l'eſprit eſtoit remply & ſatisfait au delà de ſon attente.

FAVSSE-PORTE, OV BARRIERE.

CE qui le ſurprit d'abord, fut de voir ces jambages de pierre de taille qui ne ſeruoient autrefois qu'à ſouſtenir la premiere barriere, eſlargis & changez en des pieds détaux éleuez de plus d'vne thoiſe, qui portoient deux figures beaucoup plus grandes que le naturel, aſſiſes ſur des trophées d'armes, & taillées ſur le lieu par le ſieur Renauldin, auec aſſez de ſoin & d'eſtude pour n'auoir pas apprehendé d'y grauer ſon nom.

Celle de main droite repreſente vn Hercule coëffé de ſa deſpoüille de Lion, & appuyé ſur ſa maſſuë comme s'il ſe vouloit delaſſer de ſes trauaux & de ſes fatigues paſſées ; mais en effet pour nous apprendre & à ceux qui viendront aprés nous, que noſtre Monarque inuincible le veritable Hercule Gaulois eſt venu prendre ſon repos dans cette Ville, aprés l'auoir procuré à toute la terre par la force de ſon bras, & c'eſt ce que veut dire cette inſcription Latine, qui ſe lit en lettres d'or ſur le marbre noir entaillé dans le pied détail. PACAVIT ROBORE TERRAS, qui ſemble auoir eſté tiré d'vn paſſage d'Ovide en ſon Epiſtre à Dejanire, aſſez beau, & trop propre au ſujet que nous traittons pour ny eſtre pas mis tout entier.

   Reſpice vindicibus peccatum viribus orbem,

     Qua Latam Næreus Cærulus ambit humum,

   Se tibi pars terræ, tibi ſe tota æquora debent,

     Impleſti meritis ſolis vtramque domum.

La figure de main gauche eſt celle d'vne femme ; mais d'vne femme Illuſtre par ſa naiſſance, ſage, prudente, & genereuſe, telle que les Anciens ont cru leur Pallas ou leur Minerue ; Elle en porte l'habillement, ſa teſte eſt chargée d'vn armet ſurmonté de quantité de plumes ; ſon corps eſt couuert d'vne legere cuiraſſe, orné de ſes Lambels & d'vn petit juppon ; Elle tient ſur elle vn bouclier, il eſt vray que ce n'eſt pas ſon Ægide qui eſt le pauois dont elle ſe ſert ordinairement ; mais il ne faut pas s'eſtonner de cet eſchange, puiſqu'elle a reconnu plus de force en ces armes my-parties, dont celuy-la eſt enrichy, que dans ſa teſte de Meduſe, qui n'agiſſoit que contre ſes Ennemis & ſur les hommes ordinaires, au lieu que ces armes ont ſoûmis les Dieux de la terre, & bien loin de les détruire les luy ont acquis pour ſujets ou pour amis. On ne peut neantmoins douter que la teſte de celle qui les porte n'y ait beaucoup contribué, auſſi n'eſt-ce pas d'aujourd'huy qu'Hercule ſe reconnoiſt redeua-

BB

ble à Minerue des bons offices qu'elle luy a rendus, il les a publiez hautement dans la Thebaïde de Stace.

Teneo æternumque tenebo;
Quantum hæc diua manus,
Quoties fudauerit ægis ista mihi.

Et tous les iours nostre jeune Alcide tesmoigne assez par sa conduite & par ses actions, combien il se croit obligé à la Reyne sa Mere qu'on a icy despeinte soubs la Figure de Minerue auec cette inscription CONSILIO VICTRIX, parce que non seulement elle a par ses conseils contribué à la gloire des armes du Roy son Fils; mais qu'elle le rend à present Victorieux, à meilleur tiltre par le Conseil qu'elle luy a suggeré, de les quitter.

Pour accompagner ces deux figures on a mis en distances proportionnées des vases taillez sur l'Antique le long des murs qui acheuent de former l'entrée du Pont Dormant.

ARC DE PIERRE SVR LE PONT DORMANT.

SOn extremité est fermée par vn grand Portique de pierre de taille qui laisse le passage tres-libre & commode par le moyen de trois ouuertures, dont celle du milieu en forme d'arcade fort esleuée sert aux Carosses, & les deux autres des costez pour les gens de pied.

Or comme celles-cy sont plus basses, on a pratiqué au dessus deux quadres, où l'on a mis des marbres noirs, chargez de ces inscriptions, SPES GALLICA, & SECVRITAS PVBLICA, qui correspondent aux figures placées dans les niches qui ont esté pratiquées entre les Pilastres.

Ces figures representent les suittes infaillibles de la paix à l'immortalité de laquelle cet Arc a esté de nouueau consacré, celle de main droite tient vn ancre au bas duquel vn Dauphin semble s'estre attaché pour marquer l'Esperance que la France a conceuë de cette paix cimentée par le mariage. L'autre est la seureté publique, qui s'appuye sur vne colomne auec vn maintien s'y graue & vn visage s'y serain qu'on juge assez qu'elle ne voit plus rien à craindre. Et c'est en quoy le sieur Enguerre a fait voir la force de son genie & l'adresse de son cizeau dans l'action dont il a animé ces figures qui passent aujourd'huy pour des plus achéuées que la France possede de son cru, & il estoit bien iuste qu'elles acquissent cette reputation à leur Autheur; puisqu'il n'eut pas vn but moins releué en les faisant.

Au milieu du grand portique sur la clef qui ferme sa voulte, & qui dans sa saillie laisse vne espece du consolle: on a mis vn buste du Roy de trois à quatre pieds de hault de la main du Poussain, taillé aprés le naturel, & peint en bronze pour le destacher du corps de la maçonnerie & le faire paroistre dauantage.

Les deux fleuues qui arrousent la Ville, & qui sont comme les nourrissieres de ce grand peuple; La Seine & la Marne soubs les figures de deux Diuinitez des Eaux, remplissent les impostes.

Lattique est formée par vne grande table de marbre noir, au dessus de laquelle les armes de France & de Nauarre en deux Escussons joints ensemble, & entourez des colliers des Ordres de Saint Michel, & du Saint Esprit, & surmontées d'vne couronne fermée de quatre pieds de diametre, parroissent toutes releuées d'or & d'vn grand relief. Elles sont accolées de quelques trophées d'armes qui acheuent de remplir le vide & les encognures du fronton.

Au dessus duquel la France & l'Espagne vestuës de long auec des Tours ou Chasteaux sur leurs testes sont assises, & pour les distinguer l'vne de l'autre, la France tient sur ses genoüils vne Couronne fermée & Fleur-de-lisée, & l'Espagne vn petit bouclier auec quelques dards où sagettes, conformement à la peinture que nous en fournit la Medaille de l'Empereur Galba. Elles se donnent la main en signe d'amitié, & l'Hymen qui est debout dans le milieu, semble contribuer & approuuer leur vnion, toutes ces figures ont esté taillées plus grandes de quatre pieds que le naturel, soubs la conduite du sieur Vanopstat, dont la reputation est assez bien establie pour en donner à iamais à cet Ouurage.

Les extremitez de ce Couronnement sont terminez par deux hautes Pyramides, à la pointe desquelles on a mis de grosses Fleurs-de-lys doubles, qui furent dorées aussi bien que les boulles qui portent les bases de ces Pyramides, le mouchoir, & le flambeau de l'Hymen les cheveux des fleuues, les lambrequins des trophées, & les deux vaisseaux qui se trouuent au dessus des niches.

Arc de pierre sur le pont dormant de la porte sainct Anthoine.

Porte de la ville du costé de sainct Anthoine.

Outre ces ornements dont l'Architecture assez irreguliere de cet arc a esté reparée & enrichie ; On la élargie par le moyen de deux amortissements terminez par autant de Pilastres qui portent des trophées de Luth , de Carquois,& d'autres instruments de paix soustenus châcun par deux petis Amours.

Et toutes ces choses sont expliquées & comme reunies par l'inscription grauée en cáracteres d'or sur le marbre que nous auons dit estre en leur centre au lieu le plus eminent ; dans laquelle son Autheur, qui a paru dans l'entrée par des pieces plus importantes, à heureusement déueloppé tous les mysteres de la paix dont nous joüissons ; quand il a dit qu'elle auoit esté acquise, fondée, & à iamais establie par les Armes Victorieuses de Louys XIV. Par les heureux Conseils d'Anne d'Austriche ; Par les Nopces Augustes de Marie Therese, & par les soins assidus de son Eminence Iules Mazarini en ces termes suiuahts , qu'on ne peut bien fidellement rendre François:

PACI.

Victricibvs. Lvdovici. XIV. Armis.

Felicibvs. Annæ. consiliis. Avgvstis. M. Theresæ. Nvptiis.

Assidvis. Ivlii. Cardinalis. Mazarini. cvris.

Partæ. fvndatæ. æternvm. firmatæ.

Præf. vrb. ædilesq. sacravere. Ann. cIɔ. Iɔ. C. LX.

PORTE DE LA VILLE.

CEt arc est s'y fort éleué au dessus de la Porte de la Ville , & la joint de si prés, qu'à peine la peut on appercevoir de dix pas, & c'est ce qui fit qu'on ne se mit pas en peine de la charger d'vne si grande quantité d'ornements, joint que sa structure ancienne & gotique estoit peu propre à les receuoir.

Ce n'est pas que cette entrée n'ait ses beautez particulieres , les deux Bastions qui la flanquent,dont celuy de main droite peut passer sans contredit pour l'vn des plus grands du monde , & cette masse de pierre qui s'esleue si superbement sur sa gauche, & qui forme par ses Tours ce Chasteau fameux de la Bastille , valent bien l'Architecture moderne dont les autres portes sont enrichies ; & meritoient qu'on laissast la liberté à la veuë de les considerer.

Aussi se contenta-on de reuestir de riches tapisseries ce Pavillon auquel est attaché le Pontlevis, & parce que le zele ardant de nos Magistrats leur faisoit peine de demeurer renfermez dans l'enceinte de la Ville, où l'vsage vouloit qu'ils se rendissent à la descente du Trosne pour attendre leurs Majestez, & leurs presenter les Dais ; le Prevost des Marchands, les quatre Eschevins ; le Procureur du Roy ; le Greffier & le Receueur, parroissoient au dehors dans vn long tableau suiuis des principaux Bourgeois , dont la posture humilié tesmoignoit assez renoüueller leurs plus profonds respects à leurs Souuerains qui y auoient aussi esté peinds au naturel par les sieurs Beaubrun, le Roy dans vne chaire à bras en son habit ordinaire, & la Reyne en l'air sous la figure d'vne Deesse, qui tenoit vne corne d'abondance à demy renuersée, de laquelle sortoient quantité de fleurs qui se respandoient de tous les costez du tableau.

Cette peinture fut placée au dessus des flesches du pont , elle estoit entourée de festons naturels qui luy seruoient de bordure, & auoit au dessous vne table façon de marbre de douze pieds, sur laquelle se lisoit cette inscription en lettres d'or.

D. O. M.

Lvdovico. Pacifico.

Pio. Fel. Avg. Patri. Patriæ. Regni. fines. Bello. ac. Pace. Propaganti.

Temporvm. Felicitatem. Lætitiamq. Pvblicam. Gemino. Foedere. Sancitam,

Pacis. cvm. Hispania. Nvptiarvm. cvm. M. Theresa. Avstriaca.

Adventv. svo. Referenti.

Præf. vrb. ædiles. civesq. Paris. alacrit. amor. relig. svæ. mon.

Optimo. Principi. PP.

I'aurois fort fouhaité que cette infcription auffi bien que la plufpart des autres euffent peu demeurer dans leur langue naturelle, quelque heureufe que foit la noftre, elle ne peut conferuer cette grace & cette force que la Latine tire de l'antiquité; mais comme cette Relation eft redeuable à tout le monde, il eft jufte de s'accommoder à la foibleffe de ceux qui n'ont aucun commerce auec elle; lefquels en contre-efchange auront bien la difcretion de ne pas juger par eux-mefme de la valeur de ces infcriptions, qui ne diminuëront rien affeurement de la haute eftime que le R.P. Cauffart de la Compagnie de Iefus, qui en eft l'Autheur, s'eft acquife depuis long-temps dans l'efprit des habiles gens, & c'eft fur cette reputation generalle que Meffieurs de Ville le prierent de vouloir non feulement prendre foin de cette partie, qui n'eftoit pas la moins importante; mais encore examiner les diuers deffeins qui fe propofoient pour les Arcs, & les regler auec les peintres qui les entreprenoient.

A Louys le Donneur de Paix.

PIeux, Heureux, Augufte, Pere de la Patrie; qui apres auoir eftendu les bornes du Royaume par la paix, & par la guerre, nous ramene par fon retour, la fœlicité des temps, & la joye publique affermies par vne double Alliance, de la Paix auec l'Efpagne, & des nopces auec Marie Therefe d'Auftriche. Les Prevoft des Marchands, les Efcheuins, & les Bourgeois de Paris ont pofé ce monument de leur allegreffe, de leur amour, & de leur religion, enuers leur tresbon Prince.

Arc de Triomphe du Carefour de la Fontaine sainct Geruais

LE PARNASSE.

LES ſciences & les arts eſtant ſorties de la captiuité dans laquelle elles auoient eſté retenuës depuis pluſieurs années par la guerre, il eſtoit bien à propos que leurs Diuinitez paruſſent à ce Triomphe, pour rendre leurs homages & leurs actions de graces aux Autheurs d'vn ſi grand bien.

Le lieu que nos Magiſtrats leur aſſignerent à cet effet, fut le Carefour de la Fontaine Saint Gervais, où le ſieur Meſlin dont nous auons deſia parlé, prit ſoin de faire eſleuer à l'entrée de la ruë de la Tiſſeranderie, dans toute ſon eſtenduë, vne Montagne de quarante pieds de haut, qui fut aiſement priſe pour ce Mont, tant recommandé par les Poëtes dans cette partie de la Grece nommée Phocide; car ſa cime eſtoit couuerte de Lauriers, & ſa pente enrichie de deux Fontaines auſſi belles que le pouuoient eſtre ſa Caſtalienne & l'Hypocrene.

Pour la facilité du paſſage le bas de cette Montagne auoit eſté percé d'outre en outre en forme de grotte, dont l'entrée de dix-huit pieds d'ouuerture eſtoit formée par deux grands Palmiers, autour deſquels quantité de petis amours ſe joüoient, & il n'eſt pas nouueau de les voir aux enuirons du Parnaſſe, Lucien dans ces Dialogues, nous aſſeure que ces Diuinitez reuerent les Muſes & prennent grand plaiſir de ſe trouuer aupres d'elles pour les entendre chanter; mais ce n'eſt pas ce qui les occupoient icy, puiſqu'il ſembloient ne ſonger qu'à approcher les branches de ces Palmiers, où bien plutoſt en ſecondant leur inclination naturelle à les tenir jointes & vnies.

Dans le milieu de ces Palmes ainſi agitées, & au plus haut de l'ouuerture de la Grotte, la Vertu ſoubs la figure d'vne jeune femme aiſlée, grande comme le naturel, ſouſtenoit vne medaille de trois pieds & demy de diamettre, entourée d'vne guirlande de fleurs, & ſurmontée d'vne Couronne à la Royalle fleur-de-liſée, & d'or, auſſi bien que la medaille, dans laquelle les teſtes Auguſtes du Roy & de la Reyne, paroiſſoient releuées d'vn meſme profil auec cette inſcription Latine IVNGIT AMOR. Et pour faire connoiſtre plus nettement que cette heureuſe vnion auoit eſté faite par l'amour, le Peintre adroitement le faiſoit voltiger aux enuirons ſous l'apparence de ces deux petis enfans nommez par les Poëtes *Eros & Anteros*, qui portoient chacun leur Eſcuſſon, dont l'vn eſtoit d'azur à trois Fleurs-de-lis d'or, & l'autre chargé d'vne Tour ou Chaſteau d'or en champ de gueule qui ſont les Armes de Caſtille ſi glorieuſement reunies à celles de France.

Toutes ces choſes ſembloient former vn Arc de Triomphe tres-agreable à l'amour, & l'on ne pouuoit pas luy defferer de moindres honneurs dans vne occaſion, où il a droit de prendre tant de part; mais comme de ſa nature il eſt extremement reconnoiſſant, il n'auoit garde de refuſer place à ces neuf Sœurs de memoire qui l'ont ſi bien diuerty en tant d'autres rencontres; ainſi elles parurent aſſiſes ſur la crouppe de la Montagne, qui formoit le reſte de cet Arc, veſtus à la legere d'or & d'argent, & auec les marques particulieres de leur profeſſion.

Apollon tenoit la premiere place dans cette Illuſtre Aſſemblée comme il a de couſtume,& il eſtoit aiſé à reconnoiſtre par ſes grands cheveux blonds, couronnez de branches de Laurier, entre-meſlées de fleurs d'Hyacintes, par ce grand manteau d'Eſcarlatte qu'Ouide dans le 11. de ſa Metamorphoſe luy met ſur les eſpaules. *Verit humum tyrio ſaturata murice palla.* Et enfin par l'eſclat de l'or dont ſa chauſſure & ſon Luth eſtoient couuerts, que Peindare nous apprend eſtre propre à ce Dieu.

Tout proche de luy eſtoit Calliope comme la Reyne des autres, *Prima ſui Calliopea chori.* Et en cette qualité elle portoit vne couronne d'or ſur la teſte, & dans ſes mains diuerſes guirlandes de Laurier pour la reſcompenſe de ceux qui reüſſiſſent le mieux aux Poëmes Heroïques dont Virgile nous apprend qu'elle a donné l'inuention.

Carmina Calliope, libris heroïca mandat.

Clio eſtoit aiſée à remarquer entre ſes Sœurs par ſa Couronne de Laurier, qui eſt le ſymbole de l'immortalité; qu'elle peut porter à juſte titre, ayant enſeigné aux hommes le moyen de la procurer à leurs ſemblables, dans la compoſition de l'Hiſtoire qu'elle leur a inſpirée,

Memor incipe Clio,

Sæcula te quoniam penes & digeſta vetuſtas.

dit le Poëte Stace à ce ſujet. Elle eſtoit encore reconnoiſſable par ſa trompette, dont elle annonce les faits Heroïques, & qu'elle ne ſe contente pas de tenir comme à l'ordinaire à la main; mais qu'elle embouche agréablement pour publier ceux de ce ſiecle, qu'elle voit paſſer de bien loing tous les precedents.

Erato qu'Ouide en ſes Amours inuoque comme la mieux inſtruitte en ces matieres, paroiſ-ſoit ſur cette montagne auec ſon viſage enjoüé, tenant vne Lyre en ſa main droite, & ayant ſur ſa teſte la Couronne de Myrthe & de Roſes, qui ſont les deux plantes conſacrées particulie-rement à Venus & à ſon fils Cupidon.

L'on auoit donné à Thalie vn maſque en chacune de ſes mains; on luy auoit mis des bro-dequins aux pieds, & couuert la teſte d'vne guirlande de Lierre, pour marque de l'authorité qu'elle a conſeruée ſur les Poëtes Comiques, depuis qu'elle a pris ſoin de leur apprendre à faire des Comedies.

Comica laſciuo gaudet ſermone Thalia.

Melpomene qui dans le ſentiment de ce Poëte, le premier des Latins, preſide aux Ouura-ges Tragiques.

Melpomene Tragico proclamat mœſta boatu.

Et qui meſme à cauſe de ſa belle voix, paſſe pour l'inuentrice du Chant, eſtoit icy deſignée par vne fille richement veſtuë auec vn maintien graue, tenant ſur elle vn Liure de Muſique ouuert, & dans ſes mains vn poignard tout nud, accompagné de pluſieurs Sceptres & Couron-nes, reſcompenſe ordinaire de la bonne où mauuaiſe fortune des hommes Illuſtres qui paroiſ-ſent ſur les theatres.

Terpſicore cette Muſe danſeuſe tenoit vne Harpe en ſa main, & auoit ſur ſa teſte vne guir-lande compoſée de diuerſes ſortes de plumes, marques de ſon agilité, & glorieux trophées des Victoires que ces chaſtes ſœurs ont emporté à ce ſujet en diuerſes occaſions.

Euterpe dont le nom ſignifie plaiſant & agreable, & qui prend ſes plus grands diuertiſſements auec les Hauts-bois & les Fluſtes, en tenoit vne pour marque de ſa juriſdiction ſur ces ſortes d'inſtruments.

Polymnie paroiſſoit ſur ce fameux Theatre, en la meſme action que la deſpeint Virgile dans l'opuſcule des Muſes qu'il nous a laiſſé.

Signat cuncta manu, loquitur Polymnia geſtu.

Elle tenoit ſa main en l'air, comme ſi par ſes geſtes elle eut voulu animer ſes paroles. Et quoy qu'à cette action on la reconnut aſſez pour la Maiſtreſſe de ceux qui ont à parler en public, le Sculpteur n'auoit pas laiſſé de luy donner ſon habit blanc, pour marque de la ſincerité requi-ſe à vn Orateur, & de luy couurir la teſte de perles entre-meſlées de pierres precieuſes de diffe-rentes couleurs, qui ſont des ſymboles aſſez naïfs des dons & des qualitez que les preceptes de la Rhetorique demandent.

La neufieſme de ces jeunes Vierges eſtoit bien aiſée à baptiſer, il n'y eut perſonne en la voyant couuerte de ſa robbe d'azur, couronnée d'Eſtoilles brillantes auec vn Globe à la main, qui ne la prit pour la celeſte Vranie, dont le nom & les occupations s'accordent ſi juſtement.

Outre ces figures aſſiſes ſur le Mont de Parnaſſe, & eſquippées beaucoup mieux qu'elles n'ont peu eſtre icy deſpeintes; On en auoit ordonné quantité d'autres naturelles pour s'y tenir de-bout, & qui par leurs habits longs, leurs couronnes de Laurier, & le reſte de leur eſquipage, pouuoient repreſenter aſſez naïuement les plus grands Poëtes, & les plus Illuſtres Autheurs, qui à l'enuy faiſoient voir & juger les pieces qu'il auoient deſia compoſées, où les deſſeins de celles qu'ils meditoient à la gloire du Regne le plus heureux, & le plus floriſſant, que Monarchie ait iuſques icy gouſté.

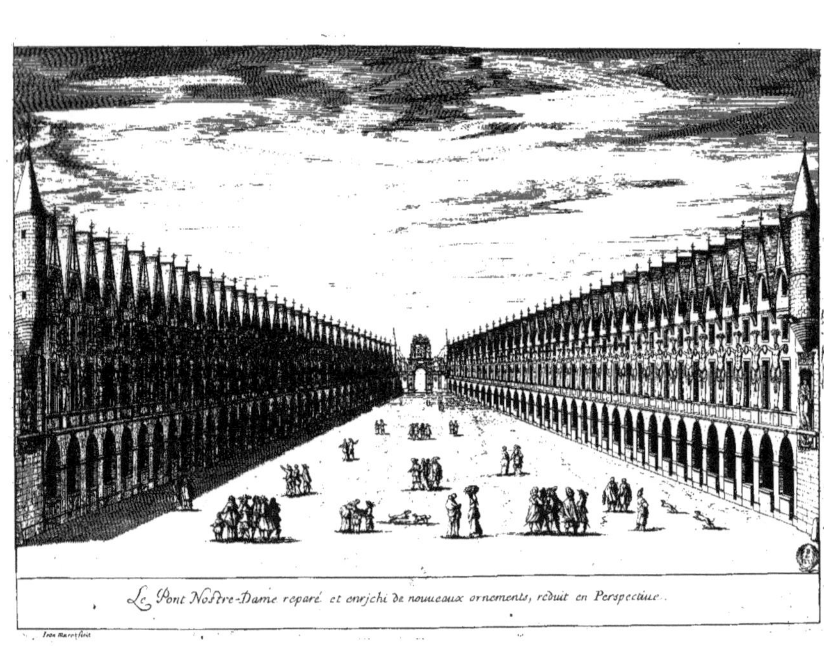

Le Pont Nostre-Dame reparé, et enrjchi de nouueaux ornements, reduit en Perspectiue.

PONT
NOSTRE-DAME.

Voy que nos Magiſtrats n'euſſent negligé aucun endroit de la Ville, capable de receuoir quelque embelliſſement, On peut dire qu'il prirent vn ſoin particulier de celuy-cy, & la raiſon apparamment qu'ils en eurent fut la diſpoſition tres-auantageuſe du lieu, dont les edifices ſont la meilleure partie de leur Domaine; car ce Pont qui peut auoir ſoixante & ſix thoiſes de long, eſt borné de pareil nombre de maiſons baſties de briques d'vne meſme cymmetrie ; leſquelles parurent pour cette grande journée, non ſeulement reparées tout à neuf ; mais de plus chargées de nouueaux ornements, qui rendent encore, & rendront cy apres teſmoignage de cette belle deſpenſe.

Les cheſnes de pierre de taille qui diuiſent ces maiſons, portent des figures beaucoup plus grandes que le naturel, taillées de haut relief en forme de Termes, compoſez d'vn demy-corps, & d'vne gaiſne à trois faces, ſur laquelle pendent autant de Feſtons attachez à vn grand Cartouche, qui ſert comme de ceinture à ces Termes. Ces gaiſnes qui ſont comme les fourreaux, dans leſquels les pieds de ces ſortes de figures ſont enfermez, paroiſſent de marbre de differentes couleurs, les cartouches, les braſſars, & les lambels de leurs habillemens de cirage, les feſtons peints de differentes couleurs ſelon que le naturel des fruits & des fleurs dont ils ſont compoſez le requiert : ces Termes ont ſur leur teſtes des panniers, les vns remplis de fruits, les autres de fleurs, & diſpoſez auſſi bien que les feſtons alternatiuement ſur les maſles & ſur les femelles ; qui ſe tenans par les mains laiſſent vn eſpace aſſez raiſonnable iuſques aux feneſtres du premier eſtage pour y pouuoir placer des Medailles de deux à trois pieds de diametre.

C'eſt la où l'on a fait releuer en couleur de bronze, les Portraits de tous nos Roys, dans des couronnes de relief, qui pendent des mains de ces figures Colloſiques ; Chacun porte eſcrit autour de ſa teſte ſon propre nom, auec le temps de ſon arriuée à la Couronne, & au deſſous vn eſcriteau ; dans lequel on voit en quatre où cinq mots Latins quelque action conſiderable de ſa vie. Et pour laiſſer le jour de l'Entrée la veüe de toutes ces beautez plus libre ; on fit defaire les Enſeignes, & abbatre les hauts-vents, ainſi ces portraits furent veus ſans empeſchement des deux coſtez du Pont Noſtre-Dame, en cette diſpoſition.

PHARAMVNDVS. R. A. CCCCXX.

Imperium ſine fine dedi.

Cette deuiſe à quelque choſe d'aprochant, de la promeſſe que Iupiter fait à Venus, au premier de l'Æneide, au ſujet des Romains ; & la prediction qu'elle contient pour l'eternité de leur Empire, peut eſtre appliquée auec autant de raiſon à celuy des François.

CLODIO. R. A. CCCC. XXX.

Roma vix ceſſimus vni.

Ce Roy ſurnommé le Chevelu, à cauſe de ſon poil qu'il auoit laiſſé croiſtre contre l'vſage du temps, quoy que tres genereux, fut contraint de quitter la vie auant que de s'eſtre vangé des deux Generaux de l'Armée Romaine, Stilicon & Ætius, dont l'vn l'auoit pris priſonnier, & l'autre défait ; ainſi peut-on marquer la peine que ſon courage eut de ſouffrir que toute la puiſſance Romaine s'aduantagea ſur luy.

MEROVEVS. R. A. CCCC. XL. IX.

Nobis ferus attila ceſſit.

C'eſt auec raiſon, que Meroé ſe glorifie d'avoir donné la chaſſe à ce Roy des Huns, ſurnommé le fleau de Dieu, puifque l'ayant attaqué deuant Orleans, il le contraignit de fortir de fes Eftats, aprez auoir mis quatre-vingts mille de fes Soldats fur le quarreau.

CHILDERICVS. R. A. cccc. LVIII.
Redij virtute decorus.

CHILDERIC, Ayant laiffé enfeuely les vertus de fon Pere, fut chaffé; mais quelque-temps aprez ayant efté reftably auec la mefme authorité: il s'en feruit auec fatisfaction des François, & beaucoup de gloire pour fon regne.

CLODOVÆVS. R. A. cccc. LXXXIV.
Salus mihi conjuge parta eft.

Chacun fçait que CLOVIS eft le premier de nos Roys qui s'eft fait Chreftien, & que nous fommes redeuables auec luy, de fa conuerfion & de la noftre à fa Sainte femme Clotilde, ainfi cette infcription, qui attribuë le falut du marry à la femme, n'a pas befoin d'interpretation, & n'eft pas pour couurir les Vertus Heroïques qu'il auoit de fon chef ; mais pour faire connoiftre que la France peut tirer de la gloire de fes Reynes, auffi bien que de fes Monarques.

CHILDEBERTVS. R. A. IƆXIV.
Armatus terror Iberi.

Ayant paffé par deux diuerfes fois à la tefte de fes Armées en Efpagne, pris Tolede, & affiege Sarragoçe : on peut bien dire qu'il en fut la terreur.

CLOTARIVS. R. A. IƆ. LXII.
Vicit amor Patriæ.

Virgile en dit autant au fixiéme de fon Æneide de Brutus, lors qu'il fit decapiter fes enfans & l'on ne peut pas doubter que CLOTAIRE n'ait preferé l'amour de fa patrie au fien pro-pre, auffi bien que ce Romain, quand il fait brûler Grane fon fils naturel, pour auoir trou-blé le repos de fes Eftats.

CHEREBERTVS. R. A. IƆ. LXIV.
Themidi Mufarum numina junxi.

Ce Prince aima fort la Iuftice & les Lettres, & ce qu'il y a de remarquable, eft qu'il eft le pre-mier de nos Monarques, qui aye ioint enfemble & reuny leurs Diuinitez.

CHIPERICVS. R. A. IƆ. LXXIII.
Infauftis auibus rexi.

Le mal-heur du Regne de ce Prince, eft affez expliqué par cette deuife.

CLOTARIVS. II. R. A. IƆ. LXXXVIII.
De Spinis rofa nata fui.

CLOTAIRE, né d'vn Pere peu femblable à fes predeceffeurs, & d'vne Mere vicieufe, peut bien eftre comparé à la Rofe, qui conferue fa pureté au milieu des efpines dont elle tire fon eftre, puifqu'il a paffé pour l'vn des plus vertueux Prince de fa Race.

DAGOBERTVS. R. A. IƆCXXXII.
Multi poft bella Triumphi.

Il entreprit plufieurs Guerres, dans lefquelles il fut toufiours Victorieux, & il ne fe con-tenta pas de reduire la Bretagne fous fon obeyffance, de faire fentir des effets de fa feue-rité aux Gafcons & aux Poictevins, & de fa bonté aux Bourguignons fes fujets ; il decida du droit des Couronnes d'Hongrie & d'Efpagne, en faueur de fes amis qu'il affifta heureu-fement.

CLODOVÆVS.

CLODOVÆVS II. R. A. IƆC. XCVII.
Vigili stant Regna Ministro.

Quoy que cette Sentence regarde tous les Regnes qui subsistent glorieusement par la vigilance d'vn sage Ministre, nous l'appliquerons icy à celuy de CLOVIS, qui fut tres-heureux, sous la conduite de Ega & d'Archembaut Maires de son Palais.

CLOTARIVS. III. R. A. IƆCLXIV.
Dulcem mibi malo quietem.

On a marqué le Regne de ce Prince, par les conditions de son Esprit lent & paisible.

CHILDERICVS II. R. A. IƆC.LXVIII.
Claustro disclusimus hostes.

THEODORIC son Cadet luy ayant voulu disputer la Couronne par le conseil & l'appuy d'Elbroin, qui auoit gouuerné sous le precedent Roy leur frere aisné : il les prit en vne bataille, & les confina dans les Monasteres de S. Denys, & de Luxeu en Bourgogne.

THEODORICVS R. A. IƆCLXXX.
Donis auximus aras.

Ce THIERRY ou THEODORIC, estant sorty de Saint Denys pour monter sur le Trosne apres la mort de son frere, augmenta par sa pieté les reuenus de diuerses Eglises, & nommément de celle de Saint Vvast d'Arras.

CLODOVÆVS III. R. A. IƆC. LXXXXIV.
Socio confidimus vni.

CLOVIS III. se confioit si fort au Maire de son Palais nommé Pepin, qu'il luy donna toûjours la principale part dans l'administration de son Royaume.

CHILDEBERTVS. II. R. A. IƆC. XCVII.
Pius idem ac omnibus Æquus.

Il n'estoit pas moins Pieux, qu'il estoit juste pour tout le monde.

DAGOBERTVS II. R. A. IƆCCXVI.
Breuis mibi gloria Regni.

La gloire de regner luy dura peu de temps.

CHILPERICVS II. R. A. IƆCCXXII.
Claustris fero Sceptra relictis.

Ce Prince ayant esté tiré du Cloistre où il auoit esté Moyne plusieurs années, fut proclamé Roy par les François, à la suscitation de Rainfroy Maire du Palais, & quitta le nom de Daniel qu'il auoit iusque-là porté.

THEODORICVS. II. R. A. IƆCCXXVII.
Nos aliquod nomenque decusque gessimus.

Quoy que le Regne de ce Prince n'ayt pas esclatté par de si belles actions que les precedents, on ne laisse de luy appliquer assez justement cette deuise tirée du 10. de l'Æneide, parce qu'vn Prince a tousiours acquis assez de nom & d'esclat, quand il a peu monter sur le Trosne.

DD

CHILDERICVS III. R. A. IƆCCXLII.
Regnum mutabile senſi.

La diſgrace de ce Roy eſt aſſez marquée par cette deuiſe,

PIPPINVS R. A. IƆCCLI.
Meruit Regnare vocatus.

Il fit voir eſtant Roy, qu'il meritoit de l'eſtre, & c'eſt à peu prés le meſme Eloge que Claudian donne à Theodoſe, comme le plus illuſtre qui peut tomber ſur vn Prince, que la vertu a eſleué au Troſne : PEPIN y monta par ces degrez, & s'y affermit de ſorte, qu'on peut dire ſans le flatter.

Quod regnat minus eſt, quam quod regnaſſe meretur.

CAROLVSMAƔNVS. R. A. IƆCCLXVIII.
Conſilio major qui magnus in armis.

Quoy que CHARLEMAGNE fuſt vn grand homme en Guerre ; vn Roy de ſes voiſins diſoit fort à propos de luy, qu'il eſtoit encore plus à craindre dans ſon cabinet, qu'à la teſte de ſes armées.

LVDOVICVS. R. A. IƆCCCXIV.
Bis cado, biſque reſurgo.

LOVYS ſurnommé le Debonnaire, à cauſe de ſa grande pieté, ayant fauoriſé dans le partage de ſes biens vn de ſes Enfans, au prejudice des autres, ils ſe liguerent, & contraignirent leur Pere de ſe mettre dans vn Cloiſtre, d'où par accommodement, il remonta ſur le troſne, & en redeſcendit pour la ſeconde fois, par la violence de ſes meſmes Enfans, qui le renfermerent dans l'Abbaye de Saint Denis ; de laquelle il fut tiré par ſes propres Suiets, qui vangerent l'outrage qui luy auoit eſté fait : Ainſi l'on peut dire conformement à ſa deuiſe, qu'il tombe & qu'il ſe releue deux fois.

CAROLVS II. R. A. IƆCCCXL.
Pugnare & vincere Doctus.

Les armes de CHARLES LE CHAVVE, ayant eſté Victorieuſes dans pluſieurs batailles qu'il donna ; on a eu raiſon de dire qu'il eſtoit auſſi habile à vaincre qu'à attaquer.

LVDOVICVS II. R. A. IƆCCCLXXVIII.
Tot per diſcrimina regno.

Quoy que le Regne de ce LOVYS ſurnommé le Begue fuſt fort traverſé, il ne laiſſa pas de le conduire auec tant de valeur & d'equité, qu'il eût remis la Monarchie Françoiſe en ſa ſplendeur, ſi la mort ne l'euſt tiré du Troſne, où il n'y auoit pas deux ans qu'il eſtoit éleué.

LVDOVICVS & CAROLOMANNVS. R. A. IƆCCCLXXX.
Rara hæc concordia fratrum.

LOVYS & CARLOMAN ſuccederent aux Eſtats de leur Pere, & y regnerent conjointement ſuiuant ſon intention ; vn ſi parfait accord eſt rare entre deux freres.

CAROLVS II. R. A. IƆCCCLXXXV.
Jmperio Regnoque potens.

Ce CHARLES ſurnommé le GROS ou le GRAS, à cauſe de ſa taille, fut appellé des François pour les gouuerner dans des temps trop difficiles, pour s'en remettre à la conduite du legitime heritier qui n'auoit que cinq à ſix ans, & ainſi il joignit la qualité de Roy à celle d'Empereur.

O D O. R. A. IƆCCCXCI.
Summa petit liuor.

Ce mot eſt tiré d'Ouide, & ne pouuoit eſtre mieux appliqué qu'à noſtre Eudes, qui quoy que tres-prudent & courageux, fut enfin contraint de quitter le Royaume par l'Enuie des Seigneurs François.

CAROLVS III. R. A. IƆCCCC.
Quo nec ſincerior alter.

MARTIAL dit d'vn certain Inſtantius, qu'il eſtoit le plus ſincere de tous les hommes : On a cru qu'on pouuoit appliquer les meſmes paroles à ce Roy ſurnommé le Simple.

RVDOLPHVS. R. A. IƆCCCCXXVI.
Summo dulcius vnum ſtare loco.

Ce paſſage eſt du premier Liure de la Thebaïde de Stace, & ſe peut tres-bien appliquer à RAOVLT ou RODOLPHE, qui crut qu'il eſtoit plus doux d'eſtre aſſis en vn lieu eſleué comme le Troſne des François, que de viure en Duc de Bourgogne.

LVDOVICVS IV. R. A. IƆCCCCXXXV.
Terris me reddidit Æquor.

Ce Prince eſtant paſſé dans les Iſles Britanniques, pendant la captiuité de ſon Pere, en reuint apres la mort de RAOVL qui auoit vſurpé le gouuernement, & pour cela fut ſurnommé Doutremer.

LOTHARIVS. R. A. IƆCCCCLV.
Regnum extendimus armis.

Il ſe peut vanter d'auoir accreu ſon Royaume par la force de ſes armes, puiſqu'il prit la Loraine ſur l'Empereur.

LVDOVICVS. V. R. A. IƆCCCCLXXXVI.
Terris hunc tantum oſtenderunt fata.

La briéveté de ſon Regne, & le peu d'actions conſiderables qu'il y fit, n'a rien fourny de plus conuenable que cette penſée du premier des Poëtes des Latins.

Le deſtin ſe contenta de le faire voir à la terre.

HVGO CAPETVS R. A. IƆCCCCLXXXVIII.
In melius nouus innouo Regnum.

Ce Prince ayant eſté appellé par ſon merite à la Couronne de France, à l'excluſion de l'Oncle du defunt, qui eſtoit le legitime heritier ; il y fit de ſi belles Ordonnances, qu'à juſte titre il ſe peut vanter d'auoir remis en meilleur eſtat celuy des François ; ſur lequel il eſtoit eſtably nouuellement Monarque.

ROBERTVS R. A. IƆCCCCXCVIII.
Omnigenæ virtutis alumnus.

Vn Prince Vertueux, Pieux & Sage, tel que les Hiſtoires qualifient celuy-cy, peut bien eſtre appellé le Nourriſſon de toutes ſortes de Vertus.

HENRICVS I. R. A. M. XXXII.
Belli paciſque peritus.

Cet HENRY teſmoigna, dans la conduitte de l'Eſtat qui luy fut commiſe, aprés la mort de HVGVES ſon frere aiſné, qu'il n'eſtoit pas moins experimenté aux affaires de la guerre qu'à celles de la Paix.

Philippvs I. R. A. m. lx.
Læta dedi primordia Regni.

Les Premiſſes de ce Regne, furent aſſeurement des plus belles & des plus agreables qui ſe voyent dans noſtre Hiſtoire.

Lvdovicvs IV. R. A. m. c. viii.
Par cuicumque periclo.

Ce Roy ſurnommé le Gros à cauſe de ſa groſſeur & corpulence, eut de grandes trauerſes; que ſon courage ſceüt ſurmonter, ce qui luy a fait appliquer cette Sentence de *Silius Italicus.*

Lvdovicvs VII. R. A. m. cxxxvii.
Solymas aſſertor claſſe petiui.

Ce fut luy qui par le conſeil de Saint Bernard, que quelques-vns diſent auoir eſté ſon Precepteur, entreprit le voyage de la terre-Sainte.

Philippvs II. R. A. m. c. lxxx.
Auguſti refero cognomine dotes.

Si ce Prince tire auantage du nom d'Auguſte, qui luy fut donné à juſte titre, croyons que c'eſt moins dans la veuë de ſes exploits merveilleux contre les Anglois & les Albigeois, que pour les baſtiments Auguſtes & Magnifiques, dont il a orné la Ville de Paris; ayant fait baſtir ſa grande Egliſe, paver les ruës, commencé le Chaſteau du Louvre, &c.

Lvdovicvs VIII. R. A. m. ccxxiii.
Metuendus in hæreſin vltor.

La plus grande gloire aſſeurement qu'ait acquis ce Lion, c'eſt ainſi que quelques Autheurs appellent noſtre Lovys, tant il eſtoit genereux ; eſt de s'eſtre rendu formidable à l'hereſie, ayant employé ſon grand courage à chaſſer de la Prouence & du Languedoc, les Albigeois qui en occupoient les meilleures places.

S. Lvdovicvs R. A. m. cc. xxvi.
Decus addite cœlo.

C'eſt le plus bel Eloge que l'on puiſſe donner à vn Prince Chreſtien, que de dire aprés ſa mort ce que Virgile diſoit, dans les meſmes termes ; mais auec moins de verité de l'Apotheoſe de ſon Empereur, qu'il pretendoit auoir formé vne nouuelle conſtellation dans le Ciel.

Philippvs III. R. A. m. cc. lxx.
Quam forti pectore & armis!

A qui peut-on mieux appliquer ce Vers du 4. de l'Æneide, qu'à ce Roy, qui par la force de ſes Armes & de ſon courage, merita le nom de Hardy?

Philippvs IV. R. A. m. cclxxxv.
Forti cum conjuge fortis.

Ce Monarque non moins vaillant que ſon deuancier, fut ſi heureux que de trouuer vne femme forte, en la perſonne de Ieanne Reyne de Nauarre, qui depuis ſa mort fonda ce beau College qui fleurit dans l'Vniuerſité de Paris, ſous ce nom, aprés auoir quitté ſon premier qui eſtoit celuy de Champagne.

LVDOVICVS R. A. M. CCCXIV.
Aspera semper amans.

Il aima tousiours les choses difficiles, comme plus conformes à son naturel, qui estoit agissant & hautain, d'où par corruption il fut nommé HVTIN.

PHILIPPVS V. R. A. M. CCCXVI.
Imperio pollens tractare sereno.

Ce bon Prince regna cinq ans auec grande douceur & moderation, ayant dechargé son peuple de subsides, recompensé les hommes Doctes, & pris soin particulier de bien remplir les Dignitez Ecclesiastiques.

CAROLVS IV. R. A. M. CCCXXII.
Extra formosus & intra.

Les beautez de l'esprit ne correspondirent pas mal à celles du corps, qui acquirent à ce Roy le surnom de LE BEL ; comme long-temps auparauant les mesmes qualitez auoient fait nommer Beauregard, ou Splendeur, ce grand Philosophe & Prince Demetrius Phalereus.

PHILIPPVS VI. R. A. M. CCCXXVIII.
Ramo auulso non deficit alter.

Ce passage est pris du 6. de l'Eneide ; & cette metaphore tirée d'vne branche arrachée, à laquelle vne autre ne manque pas de succeder, s'applique fort bien à ce Roy, qui commença la seconde branche des Capets, & mit celle des Valois sur le Trône.

IOANNES II. R. A. M. CCCL.
Vici quanquam victus.

Quoy que ce Roy eust esté fait prisonnier par le Prince de Galles en cette grande Bataille qui se donna auprés de Poictiers, il tesmoigna tant de resolution & de courage pour le maintien des droits de sa couronne que l'Anglois vouloit assujettir à la sienne ; qu'on peut dire qu'il vainquit quoy qu'il fust vaincu.

CAROLVS V. R. A. M. CCCLXIV.
Immanes potui superare procellas.

Ce Prince fut capable par sa prudence qui luy acquit le nom de Sage, de surmonter toutes les tempestes dont la France fut agitée pendant son Regne, & mesme auparauant qu'il fust fait Regent à cause de la prison de son Pere.

CAROLVS VI. R. A. M. CCCLXXX.
Bonus omnibus, optimus vrbi.

Le traittement fauorable qu'il a tousiours fait à la Ville de Paris ; ayant plus consideré la fidelité des bons Bourgeois, que la licence du menu peuple emporté par les factions du temps, a donné iour à cette Inscription.

CAROLVS VII. R. A. M. CCCCXXII.
Cœlum sub Virgine faustum.

Cecy se doit entendre par allusion au signe de la Vierge, de Ieanne la Pucelle, qui restablit les affaires de ce Roy, en sorte qu'il peut dire qu'il eut le Ciel fauorable sous la conduite de cette fille.

LVDOVICVS IX. R. A. M. CCCCLXI.
Prudenti callidus arte.

Ce Roy conserua par sa prudence l'Estat que son Pere auoit acquis par sa valeur, & se conduifit auec tant d'adreffe, qu'il a tiré comme on dit fes fucceffeurs hors de page. Ce font les deux qualitez que l'on luy donne en cette deuife.

CAROLVS VIII. R. A. M.CCCC.LXXXIII.
Viam gaudens feciffe ruina.

Cette deuife tirée de Lucain, ne fçauroit marquer plus à propos la gloire que ce Roy acquit en fa retraitte, contre toute l'Italie conjurée à fa perte, & enuieufe du fuccez de la conquefte du Royaume de Naples, qu'il auoit faite en fi peu de temps.

LVDOVICVS XII. R. A. M. CCCCXCVIII.
Viditque parentem Gallia.

La France l'honora comme Pere du peuple, qualité qu'il acquit par les decharges reïterées des fubfides & des tailles, qu'il accorda en fa faueur.

FRANCISCVS I. R. A. M. IƆXV.
In Hectora folus Achilles.

Dit Stace au premier Liure des Ouvrages qu'il a compofez à la loüange de cet Heros; il n'y auoit que le feul Achilles qui fuft capable de tenir contre Hector; difons le mefme de noftre Grand Roy FRANçOIS, à l'efgard de CHARLES-QVINT.

HENRICVS II. R. A. M. IƆXLVII.
Ora impia lege repreffit.

Il commença fon regne par des Edicts rigoureux contre les blafphemateurs, & eftablît vne Chambre de Iuftice contre les Lutheriens.

FRANCISCVS II. R. A. M. D. LIX.
Ætas breuis aptaque Regno.

Ce Prince qui n'auoit inclination qu'à la vertu, mourut à l'âge de dix-fept ans, ayant feulement regné autant de mois.

CAROLVS IX. R. A. M. D. LX.
Iuftitiam pietas acuit.

Cette mefme deuife fe voit fur vne medaille d'argent, frappée du temps de ce Prince, en laquelle il paroift l'efpée nuë à la main, affis dans fon Thrône, au bas duquel il y a force teftes coupées. La datte qui eft du 24. Aouft 1572. marque le zele qu'il eut pour la deffenfe de la Religion de fes Peres.

HENRICVS III. R. A. M. D. LXXIV.
Externe patriam prepono Coronæ.

On fait icy dire à HENRY III. qu'il prefere fon pays à vne Couronne Eftrangere, parce qu'en effet il quitta la Pologne pour reuenir en France, auffi-toft qu'il eut apris la mort du Roy fon Frere.

HENRICVS IV. R. A. M. D. LXXXIX.
Ferro mea regna redemi.

Quoy que par droit de fucceffion la Couronne appartint à HENRY LE GRAND; elle luy fut difputée, fous le pretexte le plus ordinaire, & le plus fort qui eft celuy de la Religion, en forte qu'il fut obligé de la conquefter à la pointe de fon efpée.

LVDOVICVS XIII. R. A. M. D. CX.
Fidei & Regni expulit hoftes.

La memoire eft trop fraifche des grandes actions de ce jufte Prince, pour confirmer icy par

Arc de Triomphe esleué au bout du pont nostre Dame

des preuues ce qui eſt dit en ces ſix mots Latins, dont la ſignification eſt qu'il a triomphé des Ennemis de la Foy & de l'Eſtat.

LVDOVICVS XIV. R. A. M. DC. XLIII.

Conſilijs armiſque potens.

Cette deuiſe n'a pas beſoin d'vne plus ample explication, nous ſommes tous témoins de ce que ſes Conſeils & ſes Armes ont operé, & les Eſtrangers n'en ſçauent pas moins de nouuelles.

Ces ſoixante & quatre Roys qui ont conduit cette Monarchie depuis douze cens ans & plus qu'elle ſubſiſte, ayans eſté placés comme nous le venons de dire en autant de medailles : on remplît l'vne des deux qui reſtoit du coſté de Saint Denys de la Chartre des Armes de France, & l'autre d'vn Dauphin d'or couronné en champ d'azur, auec cette deuiſe,

Spes altera Regni.

Qui fait connoiſtre l'Eſperance que tout le Royaume conçoit de cette Illuſtre Alliance, qui ne le doit pas rendre moins affermy par les Grands Princes qu'elle luy va donner, que floriſſant par la paix qu'elle luy a dé-ja procurée.

Les quatre niches qui ſont aux deux bouts du pont, & qui terminent cét agreable édifice, ſont remplies de quatre belles figures veſtuës à la Royale, taillées aprés le naturel; celles du coſté de la Gréve repreſentent Saint Louys, & Henry le Grand; les deux autres qui ſont auprés de l'arc, Louys le Iuſte, & Louys Dieu-donné, chacune à ſon inſcription particuliere dans des eſcriteaux qui ſe trouuerent juſtement ſous leurs pieds.

La 1.   *Geſtare hic duplicem meruit pietate coronam.*

Saint Louys regne glorieux dans le Ciel, aprés auoir regné icy bas en terre, ainſi l'on peut dire qu'il merita par ſa pieté de porter deux Couronnes.

La 2.   *Ciuilia bella diremit.*

Et s'applique à Henry IV. qui diſſipa la Ligue, & les guerres Ciuiles.

La 3. regarde Louys XIII. qui apprit de ſon zele pour la Religion, le moyen de punir les Rebelles à l'Egliſe, & à ſon Eſtat.

Religionis amor docuit punire rebelles.

La 4. marque, la derniere action de noſtre inuincible Monarque, qui ſemble auoir cou-ronné ſi glorieuſement toutes les autres en ces termes.

Gallia connubio tranquilla pace quieſcit.

La France jouït d'vne profonde paix par ſon mariage.

ARC DE TRIOMPHE.

CE Pont ou plutoſt cette belle gallerie de peinture, eſtoit terminée du coſté de la Cité, par vn Arc autant magnifique que le lieu aſſez eſtroit le pouuoit permettre, & dans la con-ſtruction duquel les ſieurs Beaubrun qui l'entreprirent, reuſſirent ſi bien, qu'on ne ſçait ſi l'arc auoit eſté dreſſé pour l'ornement du Pont, ou ſi le Pont auoit eſté dreſſé pour ſeruir à la grandeur de ce monument, conſacré particulierement à ce Dieu qui ne pretend pas moins d'Empire ſur ceux qui donnent la Loy, que ſur les autres qui la reçoiuent.

Mais ſans s'arreſter à ſes pretentions, ny ſortir de noſtre ſujet, il eſt certain que la France luy eſt redeuable de cette grande ſuitte de Roys, qui accompagnent ſon triomphe, & qu'elle ne peut aſſez reconnoiſtre les obligations qu'elle luy a en cette derniere occaſion. C'eſt dans cet eſprit que la Ville de Paris qui en eſt la Capitale, entreprend de faire triompher l'amour dans le milieu de ſon enceinte, & à l'endroit qu'elle ſemble auoir chery plus tendrement; il y paroiſſoit ſous diuerſes figures, en vn lieu ſous le viſage Auguſte d'vn Prince conquerant, en l'autre ſous celuy d'vne jeune Reyne, en vn coing auec l'equipage de l'Hymen, vis à vis en enfant, & quoy que partout Victorieux de ce qu'il y a de plus grand aujourd'huy ſur la terre, il ne tire icy auantage que de la Victoire qu'il remporte ſur le Dieu de la guerre, ou pour flatter le deſir que nous auions de le voir abbatu, ou parce qu'en effet toutes les autres n'ont eſté diſpoſées, par la prouidence que pour arriuer à celle-cy. C'eſt ce qu'exprimoit cette inſcription Latine,

ET. MARS. QVOQ. CESSIT. AMORI.

Et Mars tout Dieu qu'il eſt, cedde auſſi à l'amour.

qui fut miſe en lettre d'or ſur vn marbre noir, pratiqué dans le milieu de la friʒe de cet arc dont la conſtruction fut telle.

Vn corps aſſez ſimple, & qui paroiſſoit de marbre gris, formoit dans ſon milieu vne bel-le arcade, dont le plafond eſtoit orné de pieces coupées en differentes manieres, & appuyoit deux grandes colomnes qui ſouſtenoient l'architraue, & les autres dependances de la corni-che, deſignées ſelon l'ordre Ionique, qui eſt l'vn des plus gentils, & dont on ſe ſeruit dans la baſtiſſe de ce Temple, qui rendit la Ville d'Epheſe ſi fameuſe.

Les pieces principales qui ſembloient eſtre de veritables lapis, auoient eſté releuées en diuers endroits d'vn or fort eſclattant; les chapiteaux & les baſes des colomnes eſtoient couuertes de ce riche métail, auſſi bien que les couronnes qui entouroient leurs tiges, & les principaux fi-lets de la corniche; toute la friſe eſtoit enrichie de lacs d'amour, de cœurs enlaſſez, de car-quois, & d'autres ſemblables trophées.

Au deſſus de la corniche s'eleuoit vn grand tableau, au haut duquel la Reyne-Mere ſous la figure de Iunon, paroiſſoit aſſiſe ſur vne nuée, & ſembloit par l'action de la main droite dont elle tenoit ſon Sceptre, preſcrire aux autres Diuinitez, ce qu'elles auoient à faire.

A ce commandement Iris ſa Meſſagere ordinaire, veſtuë de ſa robbe de differentes couleurs, faiſoit voir dans vne ovalle qu'elle apportoit du Ciel, le viſage de la Reyne, fidellement peint aprés le naturel, & comme ce precieux depoſt eſt vn gage tres-certain de la paix, celle qui le tenoit, ne pouuoit eſtre mieux ſouſtenuë que par cet Arc qui porte ſon nom, & que Dieu meſme voulut bien donner à Noé pour ſigne d'vne pareille; mais plus generalle reunion.

Mercure qui eſt l'interprete des volontez des Dieux, y paroiſſoit auſſi; mais d'vn autre coſté voltigeant dans les airs, le Bouclier qu'il tenoit en ſa main, eſtoit chargé du viſage du Roy, qui n'eſt pas moins puiſſant que ſon Caducée, pour amortir & faire ceſſer toutes les diuiſions; ce-pendant il ſembloit qu'il euſt icy vn effet tout contraire, car l'Hymen figuré dans le coing du Tableau par vn jeune-homme en chemiſe, couronné de fleurs à l'aſpect de ces Diuinitez, ter-raſſoit le Dieu de la Guerre, & pendant qu'il le mal-traittoit du feu de ſon flambeau, deux petits Amours l'inſultoient, & pour ſe vanger du meſpris qu'il auoit fait en tant d'occaſions de leur pouuoir, & des autres torts ſoufferts à ſon occaſion; l'vn luy rompoit ſon eſpée, & l'autre fou-loit aux pieds ſon bouclier.

La bordure dorée de ce Tableau, qui ſembloit faire vn corps auancé ſur vn rideau de velours bleu, ſemé de Fleurs-de-lys en broderie d'or, fut appuyé de quelques pieces d'Architecture, en forme d'enroullements, ſur leſquels on aſſit deux figures peintes en marbre blanc, dont les pieds portoient ſur les extremitez de la corniche.

Celle de main droite conſeruoit dans la gayeté de ſon viſage, vne grauité de femme forte, & auoit auprés d'elle deux petits enfans, pour marquer la Fecondité qu'elle repreſentoit, & l'eſpe-rance que tous les peuples ont conceu d'vn mariage des-ja comblé de tant de benedictions.

L'autre figure qui tenoit la gauche, & qui deuoit repreſenter l'Honneur, eſtoit remarquable par ſa Modeſtie, & par la couronne d'or qu'elle portoit en l'vne de ſes mains.

Les deux figures plus eſleuées & à demy couchées ſur l'amortiſſement, n'eſtoient pas moins faciles à reconnoiſtre, celle qui auoit vn anneau d'or, eſtoit la Foy conjugale, l'autre marquoit aſſez l'Vnion, par les deux cœurs qu'elle tenoit enfilez en vn meſme cordon.

Entre ces Statuës on auoit mis les Armes du Roy, & celles de la Reyne en deux Eſcuſſons dif-ferents, joints neantmoins en quelque façon par les Palmes qui les ſouſtenoient; mais plus for-tement vnis par l'Amour qui les lioit. Ce Dieu ſous la figure d'vn petit Cupidon, aſſis comme dans ſon trône, au plus haut de cet Arc de Triomphe qui luy eſt dedié, joignoit ces eſcuſſons à ſon Carquois & à ſon Arc, par leurs propres cordages; & quoy qu'il le fiſt comme en ſe joüant, on jugeoit aſſez que ce n'eſtoit pas tout à fait vn jeu d'enfant.

ARC

Arc de Triomphe dressé
dans le marché neuf
LVDOVICO · XIV · REGI · CHRISTIAN ·
PACATOR · TERRAR · REST · GALLIAR ·
QVOD · BELL · VIC · VICT · PACE · CVMVL ·
VRBIB · VINDIC · PROVINCI · RECVPER ·
S · P · Q · P ·
FORTVNÆ REDVCI

ARC DE TRIOMPHE
DANS LE
MARCHÉ NEVF.

A face de ce Portique n'auoit pas esté esleuée sur vne ligne droite comme les autres, le milieu paroissoit retiré en demy cercle, & la disposition de ses colomnes & de ses enfoncements que la perspectiue auoit tres-justement & adroittement reglez, le faisoient plûtost prendre pour l'entrée de quelque superbe Palais, que pour vn simple arc de triomphe.

Ainsi cette place quoy qu'assez resserrée & fort irreguliere, ne fut pas la plus mal partagée, puis qu'elle estoit terminée du costé du Palais par ce monument qui le disputa par la beauté du dessein à tous les autres, & qui sans contredit l'emporta par la multitude & la richesse de ses ornements. Et ce ne fut pas vne petite satisfaction pour les Sieurs Dorigny & Tortebat qui l'auoient entrepris, de voir leurs soings & leurs trauaux recompensez d'vn applaudissement vniuersel : aussi n'auoient ils rien espargné pour contenter Messieurs de Ville, & pour conseruer cette reputation qu'ils ont si legitimement acquise.

L'ordre sur lequel ils trauaillerent, fut le Corinthien, qui asseurement est le plus esgayé & le plus riche ; & dans l'espace de sept thoises de large sur neuf de haut, ils disposerent suiuant leur plan vne belle corniche enrichie de toutes ses parties, qu'ils firent soustenir par dix colomnes, dont les quatre du milieu estoient torses & entourées de pampres de vignes qui paroissoient d'or moullu.

L'attique fut composée d'vn corps d'Architecture qui formoit au plus haut vn Vaisseau veu par la Pouppe, & laissoit place dans son milieu pour vn grand Tableau entre diuerses pieces differemment taillées & contournées ; lesquelles furent ornées aussi bien que les colomnes de quantité de festons de fleurs peintes apres le naturel.

Ces festons ne paroissoient pas taillez ny espargnez sur le massif de l'ouurage, mais appliquez apres coup, & attachez seulement pour marque de la feste qui se solemnisoit, à l'occasion des mysteres dont le principal Tableau contenoit vne peinture assez expresse.

Vne belle & jeune Deesse coiffée d'vn armet & vestuë d'vne cuirasse, comme l'estoit autrefois celle de la Sagesse, y presentoit vne branche d'oliue qu'elle tenoit en sa main, à vn jeune Hercule, qui quoy que glorieux de ses conquestes, sembloit neantmoins accepter ce rameau de Paix, & ceder au vouloir des Dieux qu'il croyoit luy estre signifié par Mercure, qui se trouuoit present comme ayant part à cette action, Et pendant que nombre de petis Cupidons le deschargoient de sa despoüille de Lion, de sa massuë, & de ses autres armes. D'vn costé la Vertu sous la figure d'vne noble Matrône, couronnoit cet Heros d'vne guirlande de myrthe & d'oliuier, symboles de l'amour & de la paix ; Et de l'autre quantité de filles chargées de Tours sur leurs testes, & de Chasteaux dans leurs mains, accourroient en foule comme pour luy rendre à l'enuy leurs homages.

Au plus haut du Tableau deux figures y paroissoient assises sur les nuées, comme pour approuuer du Ciel ce qui se passoit sur la terre, auec vn visage si gay, qu'on jugeoit aisement qu'ils prenoient plaisir & interest à tout ce qui s'y faisoit, & non sans raison, puis que celuy qui estoit vestu à la Royale & qui portoit vn manteau d'azur chargé de fleurs de Lys dor, estoit Louys IX. & que l'Heroïne vestuë d'vn long habit blanc, estoit Blanche de Castille, ayeuls de nos Souuerains, qui reünissent aujourd'huy si heureusement les Royaumes dont ils auoient tiré leurs naissances. Nous n'aurions pas retranché au premier la qualité de Saint qui luy est si legitimement deuë, si nous n'auions voulu nous accomoder à la delicatesse de ceux qui ont trouué à redire, que l'on l'eût joint à des profanes, quoy que cette licence soit assez justifiée dans les ouurages de Raphael qui peut sans contredit seruir d'exemple aux plus illustres.

Or pour donner tout le jour à ce Tableau Enigmatique, il est à propos que nous repassions par dessus auec vne attention particuliere qui nous en déueloppe le mystere.

F F

Et d'abord fixant noftre œil fur fon Heros, il reconnoiftra à l'air de fon vifage, qu'il a efté peint pour le Roy, & l'on ne pouuoit le faire fous vne figure plus conuenable que celle d'vn Hercule; puis que dans fon enfance il a egalé fes trauaux; & qu'il eft la gloire des Heros de fon temps, à plus jufte tiltre que l'autre ne l'a efté du fien. Outre cette raifon tirée de l'Etymologie du nom grec Herooncleos; le Peintre pouuoit-il mieux exprimer cette haute generofité, cette vertu heroïque d'vn Conquerant, que par celuy qui auoit furmonté les beftes farouches, les Tyrans, & l'Enuie mefme?

Quelque fier cependant qu'il paroiffe de fes conqueftes, il ne laiffe de s'adoucir à la veuë de cette jeune beauté, qui reprefenteroit affez jufte le vifage de l'Infante d'Efpagne, fi le pinceau auoit peû arriuer à la delicateffe & à la perfection de fes traits. On juge neantmoins que l'habit qu'elle porte, n'eft que d'emprunt, & par le commerce eftroit qu'elle a auec Minerue, on ne doute pas que cette Deeffe des Arts & des Sciences ne luy ait rendu ce bon office. Elle confent mefme en fa faueur, cóme elle fit jadis fur vne medaille de l'Empereur Commode qui fe trouue auec ce tiltre MINERVÆ PACIFICÆ, l'efchange de fon jauelot en vn rameau qui puiffe la dé-guifer vne feconde fois, & la faire paffer pour la Paix, qui prefente à noftre Monarque des Prouinces conquifes, tant de Villes foubmifes par l'effort de fes armes, & nombre d'autres qu'elle luy laiffe volontairement pour bien viure auec luy. Elles paroiffent toutes en des poftu-res foumifes, & de la maniere que l'antiquité les a dépeintes.

Les petis amours qui dépoüillent le Roy de fes armes, font voir que cette belle paffion a contribué à le defarmer; Et en effet l'on peut dire que le Mariage n'eft pas moins la caufe de la Paix, qu'il en eft la liaifon & le ciment eternel.

Mais comme ces deux grandes actions ont efté ménagées par la fage conduite de Monfieur le Cardinal Mazarin, il ne faut pas s'eftonner qu'il interuienne à leur conclufion, & qu'il face l'vne des principales parties dans ce Tableau, fous l'habit du Dieu de l'Eloquence, de l'inter-prete des volontez diuines; de l'Entremetteur des Tréves & des alliances, puis qu'il a fourny icy bas fi heureufement toutes ces fonctions.

On auoit pratiqué le long de la Corniche, dans les pieces d'Architecture qui fouftenoient le grand Tableau, deux longs bas reliefs peints de cirages & releuez d'or; Dans l'vn l'on vôyoit vne victoire attachée à vn oliuier, à laquelle la Paix & l'amour coupoient les ailes, & au deffus efcrit, VICTORIAÆ TERNA pour preuue de la durée fans fin, de la victoire que la France acquiert par la Paix & par le Mariage. L'autre marquoit la liberté du commerce fur Mer, que l'vn & l'autre nous procure par ces mots, MARE LIBERVM, qui feruoient d'ame à la peinture, dans la-quelle Mercure oftoit les chaînes des jambes & des bras de Neptune, pendant que Zetes & Calais donnoient d'vn autre cofté la chaffe aux Harpies.

Sur le deuant de ces bas reliefs aufquels la principale corniche feruoit comme de Baze; deux figures y paroiffoient couchées, & par leurs longues cheuelures tiffuës de rozeaux, faire les per-fonnages de quelques fleuues; auffi le Peintre auoit-il eu deffein d'y figurer les deux principales riuieres qui arroufent la France & l'Efpagne, qui d'vn mefme accord vont rouller dorenauant à l'Ocean, pour y entretenir le commerce entre ces deux puiffans Royaumes.

Nous auons déja dit que le haut de cet Arc eftoit terminé par vn vaiffeau, veu par le derriere, refte à adjoûter que fa ftructure eftoit tres-fuperbe, quoy qu'elle tinft de l'antique, & que l'on y voioit tout autour fes ancres, fes cordages, & les autres inftruments de fon feruice. Mais par ce que quelqu'vn fe pourroit peut-eftre eftonner de voir vn Nauire dont le naturel eft d'eftre porté fur les Eaux, feruir de couronnement à vn Arc de triomphe; il eft à propos d'obferuer que dans l'antiquité ont a fouuent éleué de femblables machines, pour marquer les conque-ftes qui auoient efté remportées fur cet Element qu'elles femblent dominer; Et que ce vaiffeau qui fait les armes de la ville de Paris, & qui en eft le fymbole, eftoit porté en ce lieu par deux Diuinitez, qui auec le temps éleueront fa gloire bien plus haut.

Celle de bonne-mine qui tenoit la corne d'Amalthée remplie de fruicts, & qui portoit fur fa tefte vne guirlande de diuerfes fleurs, eftoit l'Abondance. L'autre qui tenoit le caducée, eftoit la Felicité que la Paix a rappellée dans l'Eftat, & que leurs Majeftez ramenent auec elles dans fa Capitale.

La partie interieure de cet Arc qui en eft comme la Baze, auoit vne grande ouuerture coupée en ceintrée dans le milieu, pour feruir au paffage, dont les plafonds & les efpaiffeurs eftoient peintes de diuers compartiments.

Les deux petites Arcades qui furent pratiquées entre les autres colomnes, eſtoient ſeulement feintes, à cauſe des maiſons qu'elles cachoient, & de l'irregularité du lieu qui obligea meſme d'aproprier du coſté gauche quelques pieces d'Architecture, qui furent enrichies comme le reſte de diuers ornements qu'il ſeroit long, & aſſez inutil de déduire.

Il ſuffit pour conſommer cette deſcription, que l'on ſçache que ſur le deuant de chacun des pieds-d'eſtaux, il y auoit des figures en bas relief, tirées auſſi bien que leurs inſcriptions de l'antiquité, & aſſez juſtement appropriées au ſujet.

Les deux des extremitez repreſentoient la Fortune: on la reſpectoit d'vn coſté comme retournante, ou reuenante de quelque voyage, ſous ce tiltre qu'elle portoit de Fortvnæ Redvci: l'ancienne Rome luy a ſouuent dédié des Temples en faueur de ſes Empereurs, & ſoit qu'elle le fit pour la remercier de l'heureux ſuccés de leurs voyages, ou pour la ſalüer à ſon arriuée, dans la croyance que le bonheur de l'Eſtat eſtoit inſeparablement attaché à la perſonne du Prince ; Paris a eu raiſon de ſuiure cét exemple, & de rendre en cette occaſion les meſmes honneurs à cette Deeſſe qui ſe voit ſur le reuers de quantité de medailles, auec cette meſme inſcription, & particulierement ſur celles qui furent frappées du temps de *Septimus Geta*, elle y paroiſt en toutes ſortes de poſtures, aſſiſe ſur ſa roüe, couchée & appuyée ſur cette meſme roüe, debout auec vn timon dans ſa main, mais toûjours auec vne corne-d'abondance pour la diſtribution des biens qu'elle apporte, & qu'elle cauſe par ſon retour.

De l'autre coſté on conſideroit cette meſme Fortune comme ſtable & permanente, auec ce mot d'vne medaille de l'Empereur Commode, Fortvnæ Manenti, & comme ſi l'on auoit voulu faire alluſion à la péſée de Plutarque, qui feint que cette Diuinité ayant parcouru toute la terre, s'eſtoit enfin reſolüe d'eſtablir ſa demeure dans la ville de Rome, & que pour s'y attacher contre le naturel de ſon inclination toûjours volage, elle y auoit quitté ſes ailes, ſon globe, & ſa roüe ; On la dépeignoit dans Paris, priuée de ces attributs, qui ſont les marques de ſa legereté & de ſon inconſtance ; auſquelles elle ſembloit renoncer pour l'aduenir, en faueur non ſeulement de cette heureuſe Ville, mais meſme de tout le Royaume ; le cheual qu'elle retenoit, & auquel elle paroiſſoit s'attacher, eſt le ſymbole que les Perſes & les Grecs nous ont laiſſez de la puiſſance Souueraine.

Les quatre autres pieds-d'eſtaux eſtoient remplis de pareilles figures : celle qui tenoit d'vne main la branche d'oliue & qui brûloit des armes du flambeau qu'elle tenoit en l'autre, eſt la meſme Paix qui fut grauée auec ce tiltre de Pax Avgvsta, ſur le reuers de la medaille de Tite, en memoire de celle qu'il auoit auoit acquiſe à l'Empire.

Cette autre qui s'appuyoit ſur vn Timon dont la pointe poſoit ſur vn Globe, eſt la Ioye ſtable & ſolide, ainſi dépeinte ſur les medailles de Criſpine & de Philippe auec ces paroles Lætitia Fvndata.

Le meſme Empereur a preuenu la penſée du Spes Felicitatis Orbis, puis que dans l'effectif le monde connu, n'attend pas moins aujourd'huy de bonheur & de felicité de la conduite de Louys XIV. que l'Empire Romain en conceut du gouuernement de ſon Philippe.

Hilaritas Temporvm eſt tirée des medailles de Fauſtine & de Didia Clara : cette Deeſſe y porte auſſi bien qu'icy vne Palme pour marque de l'allegreſſe vniuerſelle, non ſeulement du temps preſent, mais des ſiecles aduenir. Et toutes enſembles concourent à la gloire du Pacificateur de l'vniuers, du Reſtaurateur des Gaules, qui apres auoir repris ſes Villes & recouuré ſes Prouinces, couronne par vne Paix victorieuſe toutes ſes victoires guerrieres. C'eſt ſous ces tiltres que les Magiſtrats & le Peuple de Paris poſſeſſeur par l'inſcription Latine qui eſtoit au deſſus du grand Portique, luy auoit éleué cét Arc de triomphe.

LVDOVICO XIV. REGI CHRISTIANISSIMO.

Pacatori. Terrarvm. Restitvtori. Galliarvm.

Qvod. Bellicas. Victorias. Victoriosa. Pace. Cvmvlaverit.

Vrbibvs. Vindicatis. Provinciis. Recvperatis.

S. P. Q. P.

PLACE
DAVPHINE.

NOVS voicy enfin arriuez à noftre derniere Station, qui affeurément n'eft pas la moins confiderable, & c'eft luy donner tout fon jour que de dire qu'elle a efté defignée par cét excellent & incomparable peintre Monfieur le Brun; mais afin que chacun en juge par fa propre connoiffance, nous en ferons icy le portraict auec tant de fincerité, que nous nous feruirons mefme de la defcription de fon Arc, qui a efté donnée au public, par vne plume fi delicate qu'il ne s'y peut rien adjoûter que ce qu'elle a negligé de traitter, & qui ne peut eftre oublié dans vn recüeil tel que celuy-cy, qui femble garant des moindres circonftances.

La place Dauphine eftant fcituée à la tefte de l'Ifle du Palais, entre les Quais qui aboutiffent au Cheual de bronze, & la ruë appelée du Harlay, par laquelle ils font comme coupez dans leur milieu, il eft aifé de conceuoir à ceux mefmes qui ne l'ont jamais veuë, qu'on n'a pas pû luy donner vne autre forme que triangulaire, & en effet elle eft compofée de trois coftez, dont les deux qui regardent l'eau, ont chacun onze maifons, & le troifiéme feulement huict. Tous ces Edifices font d'vne pareille ftructure, éleuez de trois eftages, baftis de briques auec des chaifnes, plaintes, entablemens, croiffées, & portes de pierre de taille en faillie, couuerts d'ardoife, & joints enforte qu'ils ne laiffent que deux ouuertures, l'vne dans le milieu du cofté qui fert comme de Baze à ce triangle & qui joint la ruë du Harlay, l'autre vis à vis dans l'angle qui correfpond au milieu du Pont-neuf.

Ce fut fur ce paffage que les Sieurs Perfon, Hallé, Francar, Lhomme, & Bacot Peintres de reputation, efleuerent fous la conduite dudit Sieur le Brun cette grande Obelifque dont nous parlerons incontinent, laquelle ne laiffoit pas de faire face du cofté du Cheual de bronze, quoy que fon principal afpect fuft fur la place, qui parut pour cette ceremonie comme vn amphitheatre auffi fuperbe, que la ville de Rome ait efleué dans fa grande gloire; car de tous coftez on auoit fait conftruire des efchafauts par degrez, qui formoient vne agreable Oualle, & qui n'eftans éleuez que de dix à douze pieds, laiffoient la veuë de ces belles maifons dont nous auons parlé. Le bout quoy que fermé par l'Arc de triomphe, n'empefchoit pas que l'œil ne découurift par le vuide de fon portique les autres beautez ordinaires de ce quartier. Cette magnifique ftatuë de Bronze que chaqu'vn confidere comme vn chef-d'œuure de l'Art, & qui fut erigée fur le milieu du Pont-neuf, à la memoire Augufte de Henry le Grand, Ayeul de noftre Monarque, fembloit auoir efté mife en ce lieu pour l'ornement de cét Arc, & la perfpectiue dont elle faifoit partie, eftoit acheuée par la grande galerie du Louvre qui paroiffoit dans l'éloignement. Ce qui ne fit pas mois admirer l'efprit du Peintre dans le choix de la place, & fon adreffe à fe feruir fi à propos des belles chofes qu'il y trouua toutes faites; que la force de fon imagination dans le deffein d'vne piece qui les vniffant toutes, ne laiffa pas de les furpaffer & en grandeur, & en beauté.

Chacun entend déja que je veux parler de cét Arc & Obelifque de plus de cent pieds de haut, qui fit voir fous des peintures myfterieufes la reünion des contraires, & les antipathies mifes d'accord par le grand ouurage de la Paix, & cét Augufte Mariage.

Quoy que toute la ftructure de cét Arc ne face qu'vn mefme corps, neantmoins elle peut eftre confiderée comme deux parties jointes enfemble; fçauoir le corps qui compofe l'Arc, & l'Obelifque qui eft pofée fur cét Arc. La premiere partie reprefente le peuple, & la feconde reprefente le Roy. Cette premiere partie eft comme la baze de l'Obelifque, de mefme que le peuple eft comme la baze & le fondement fur lequel le Roy eft efleué.

L'Arc eft feint de marbre blanc, dont les moulures & les Ornemens font enrichis d'or; l'ordre eft compofé d'Ionique, & à chaque cofté de l'Arc il y a deux termes qui font feints de bronze, par ce qu'ayant à porter le fais du baftiment, ils doiuent paroiftre d'vne matiere folide. Ces quatre termes reprefentent les quatre Elemens, qui ont auffi vn raport naturel aux quatre humeurs dont les hommes font compofez.

Que

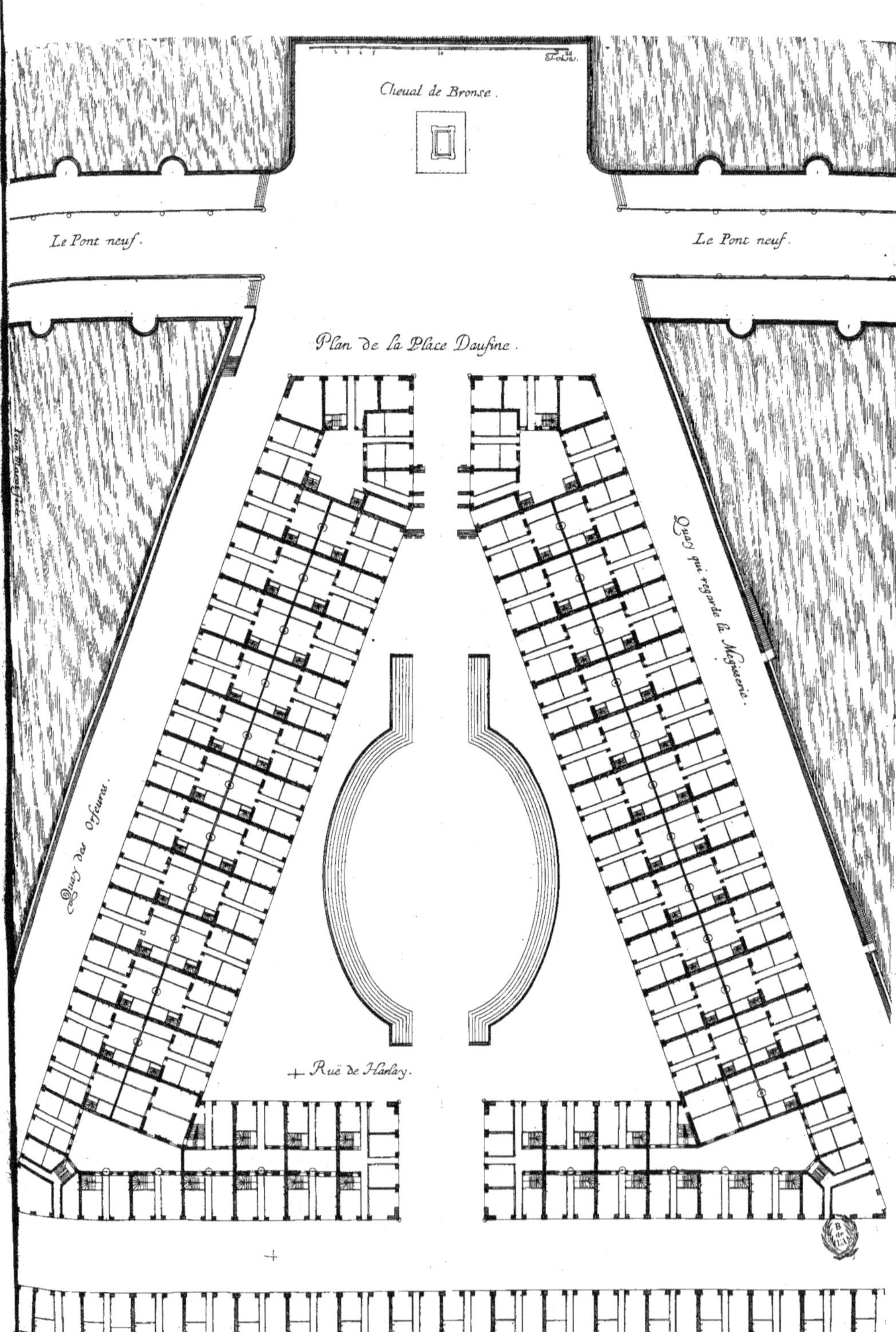
Cheual de Bronse.
Le Pont neuf.
Le Pont neuf.
Plan de la Place Daufine.
Quay qui regarde la Megisserie.
Quay des Orfeures.
Ruë de Harlay.

Amphiteatre de la place Daufine

Qᴠᴇ ſi au lieu de Colomnes, les Grecs repreſenterent autresfois dans leurs Arcs & dans leurs Portiques, des Perſes & des Caryatides pour marquer la victoire qu'ils auoient obtenuë ſur eux, l'on a bien pû repreſenter dans cét Arc de triomphe les quatre Elemens ou les quatre humeurs, puis qu'en effet ils ſeruent de ſujet à la Paix, qui ne triomphe que par la victoire qu'elle a obtenuë ſur les humeurs differentes de differens peuples. Auſſi a-t-on diſpoſé ces termes en telle ſorte que les contraires ſe trouuent joints enſemble & s'embraſſent mutuellement, afin de ſoûtenir d'vn commun accord l'Arc de triomphe, & l'aiguille qui eſt au deſſus.

Les deux figures qui ſont du coſté droit, repreſentent le Feu, & l'Eau, & les deux autres du coſté gauche, repreſentent l'Air & la Terre, elles ſont peintes comme de jeunes filles, & ont chacun leurs expreſſions particulieres & propres à ce qu'elles ſignifient.

Celle qui repreſente le Feu a le front ceint d'vn bandeau, & eſt habillée comme les Veſtales qui gardoient le feu Sacré chez les anciens Romains, l'air de ſon viſage eſt vif, ſes yeux ſont eſtincellans; & ſes cheueux creſpus, & annelez ſemblent imiter le mouuement de la flamme; la partie inferieure du Terme qu'on appelle communement Gaine parmy les Artiſtes, a la forme d'vn trepied antique, dans lequel il y a du feu allumé, & d'où pend vn feſton fait de toutes ſortes d'outils qui ſeruent au feu.

L'autre figure repreſente l'Eau, & à l'air de ſon viſage elle paroiſt auoir moins de force & de vigueur. Ses cheueux ſont abbatus & comme moüillez, ſa teſte eſt couronnée de rozeaux, & ſon veſtement reſſemble à ceux dont on habille d'ordinaire les Diuinitez des Eaux. La Gaine eſt faite d'vn filet plein de differents Poiſſons, ſur laquelle pend auſſi vn feſton compoſé de Prouës, d'Auirons, & d'autres choſes qui ſeruent à la Nauigation.

Quant à la figure qui repreſente l'Air, elle a le viſage gay & riant, ſes cheueux ſont friſez & annelez, ſur leſquels on voit tomber pluſieurs plumes qui cachent le haut de ſa Coëffure. Pour ſon veſtement, il paroiſt d'vne eſtoffe fort legere, la Gaine repreſente vne cage pleine d'Oiſeaux, & le feſton dont elle eſt ornée, eſt fait de pluſieurs ſortes d'inſtruments à vents, comme Flageolets, Fluttes, & autres.

La quatriéme figure qui ſignifie la Terre, eſt repreſentée comme la Deeſſe Cybele, elle a dans ſon viſage quelque choſe de mâle & de ſerieux, & ſes cheueux negligemment ajuſtez autour de ſa teſte, ſont couronnez d'vne guirlande de fleurs; la Gaine eſt vn pannier remply de fruicts, & le feſton qui en ſort, eſt fait d'inſtruments propres à l'Agriculture.

Les deux figures qui repreſentent l'Eau & le Feu, ſouſtiennent vne Table, où il y a pour deuiſe deux Canons, dont l'vn eſt couuert de fleurs de Lys, & l'autre eſt orné des armes d'Eſpagne : l'ame de cette deuiſe ſont ces paroles Cᴏᴍᴍᴠɴɪᴀ. Fᴀᴛᴀ. Dᴠᴏʀᴠᴍ. que l'on a traduit en noſtre langue,

Le ſort ſera commun entre ces deux Puiſſances.

L'Air & la Terre qui ſont de l'autre coſté, ont auſſi vne Table, dans laquelle il y a deux Cœurs enlacez d'vn filet auec vne Couronne au deſſus, & ces paroles Nᴏɴ. Vsqᴠᴀᴍ. Iᴠɴxɪᴛ. Nᴏʙɪʟɪᴏʀᴀ. Fɪᴅᴇs. qui veulent dire,

Iamais le ſacré neud n'a joint des cœurs plus nobles.

Dans les deux pieds-d'eſtaux qui ſont aux deux coſtez de l'Arc & qui ſouſtiennent les Termes, on a feint deux bas reliefs releuez d'or, où il y a vn Amour repreſenté en deux manieres differentes ; Dans l'vn ce Dieu tient vn filet ſur vn Labyrinthe, au deſſus duquel eſt eſcrit, Sᴏʟᴠs. Iɴᴠᴇɴɪᴛ. Vɪᴀᴍ. pour ſignifier que luy ſeul pouuoit trouuer le moyen d'accorder par la Paix & par le Mariage tant de choſes contraires, & tirer les peuples de ce fameux Labyrinthe de diuiſions, & de deſordres où ils eſtoient embaraſſez depuis ſi long-temps ; & dans l'autre bas relief auec vn meſme ſens on a auſſi repreſenté l'amour, débroüillant le Chaos & rangeant chaque choſe en ſa place, comme les Philoſophes anciens diſent qu'il ſe fit en la naiſſance du monde, & ces paroles ſont eſcrittes au deſſus. Dɪssᴏᴄɪᴀᴛᴀ. Lᴏᴄɪs. Cᴏɴᴄᴏʀᴅɪ. Pᴀᴄᴇ. Lɪɢᴀᴠɪᴛ.

Au deſſus de l'Arc eſt vne Attique couronnée de deux Frontons, aux deux coſtez deſquels ſont deux figures peintes au naturel. Celle qui eſt au coſté droit, eſt veſtuë d'vn grand manteau de pourpre releué d'or, d'vne main elle tient vn Cœur enflammé, & de l'autre elle embraſſe vn Pelican qui s'ouure l'eſtomac pour nourrir ſes petits qui ſont poſez ſur vn Autel à l'antique, & ſous les pieds paroiſt vn Loup renuerſé.

G G

Toutes ces marques font affez connoiftre que cette figure eft la Pieté qui renuerfe l'impieté reprefentée d'ordinaire par vn Loup, à caufe de la fable de Lycaon. Mais il faut aller encore plus loing pour entendre tout le deffein du Peintre, & s'imaginer que par la Pieté il a voulu auffi figurer la Reyne-Mere, parce que la Pieté eft vne des plus hautes vertus de cette grande Princeffe, & il a adjoûté en particulier le Pelican qui eft fa deuife, & qui marque fi bien la tendreffe qu'elle a toûjours euë pour les Enfans que le Ciel luy a donné.

Quant à la figure qui eft de l'autre cofté, & qui tient vne branche d'oliue à la main, on juge aifement que c'eft la douceur qui terraffe la cruauté; car elle a entre fes bras vn Aigneau, & à fes pieds vn Tigre abbatu qui ouure fa gueule, d'où fort vn Effaim de mouche-à-miel.

Cette figure eft faite pour reprefenter la Reyne, la douceur eftant vne des vertus qui efclatte dauantage en fon Augufte perfonne : le rameau d'oliue qu'elle tient à la main, eft le fymbole de la Paix qu'elle nous apporte. Les Abeilles qui fortent de la gueule de ce Tigre abbatu, font allufion à celles qui fortirent du Lion de Samfon, & qui luy firent dire que du fort eftoit forty la douceur, & montrent que par cette Paix, & par ce Mariage toute la fureur & toutes les cruautez de la Guerre font maintenant changées en douceur. Et de vray on ne pouuoit pas mieux figurer le repos & la profperité que la Paix & le Mariage nous font efperer que par les Abeilles qui font le fymbole de la douceur, de la concorde, & de l'vnion d'vn Eftat.

Cependant fi ces deux figures font voir les vertus de nos Auguftes Reynes, elles conuiennent auffi parfaitement bien au fujet que le Peintre s'eft propofé de reprefenter dans cét Arc, qui eft l'vnion des deux Royaumes auparauant fi defunis. Car encore que le Pelican femble commettre vne impieté en s'ouurant le fein, il fait neantmoins vn acte de pieté enuers fes petits qu'il nourrit de fon propre fang, & le Tigre le plus cruel de tous les animaux produit la douceur du miel par les Abeilles qui fortent de fa gueule.

Ces deux figures font enuironnées de petits Amours qui attachent des feftons de fleurs aux rouleaux qui naiffent des deux frontons de l'Attique, & ces amours font ceux qui ont trauaillé à renuerfer l'impieté, & à faire naiftre de la cruauté la douceur, de quoy ils femblent triompher & fe réjouïr.

Au deffous des Frontons & contre l'Attique on a feint comme vne tapifferie dont la bordure eft d'azur femée de fleurs de Lys d'or. La bordure du dehors qui paroift en haut eft compofée de l'Ordre du fainct Efprit, & celle du dedans qui fe voit au bas, de l'Ordre de faint Michel.

Dans cette tapifferie feinte font reprefentez le Roy & la Reyne affis dans vn char qui eft conduit par le Dieu Hymen, & tiré par vn Cocq & vn Lion. A l'vn des coftez de ce char eft la Concorde qui tient vn faiffeau d'armes, dont elle renuerfe la difcorde & la guerre, de l'autre cofté eft la Paix couronnée d'oliue; d'vne main elle tient vne corne d'abondance, & de l'autre elle rapelle les Arts & les Sciences qui auoient efté banniës pendant la guerre.

Par ces deux figures de la Concorde & de la Paix, on veut reprefenter comme les Confeils du Roy ont porté ce grand Monarque à donner la Paix à fon Royaume, & à mettre fes peuples dans le calme & dans le repos. Leurs Majeftez ont la main fur vn Globe qu'elles tiennent, pour fignifier que par cette alliance elles donnent la Paix à tout le monde. L'hymen qui conduit le Cocq & le Lion, reprefente comme ce Mariage a reüny la France & l'Efpagne fignifiées par le Cocq & par le Lion qui font deux animaux extremement courageux. Quelques-vns ont dit que l'antipathie & l'emulation qui fe trouue en eux, viennent de ce qu'ils font egalement dominez par le Soleil, & que l'influence de cét aftre eft encore plus forte dans le Cocq que dans le Lion, ce qui fait naiftre au Lion l'auerfion naturelle & la crainte extreme qu'il a pour le Cocq. Et en effet fi le Lion a toûjours efté le fymbole de la force & de la fierté, le Cocq a efté le fymbole de l'ardeur & de la hardieffe au combat. C'eft pourquoy Phydias ayant fait autresfois vne image de Pallas pour les Eleens, il reprefenta fur le bouclier de cette Deeffe vn Cocq qui s'éleuoit fur fes pieds comme s'il eût voulu combattre.

Au deffus de l'Attique & entre les deux Frontons il y a vn Atlas, qui a fous fes pieds quantité d'armes renuerfées, & qui porte fur fes efpaules vn Globe d'azur où font trois fleurs de Lys d'or : il femble à voir fon action qu'il veüille mettre ce Globe entre les mains de deux figures qui font pofées fur les Frontons, ou du moins qu'il s'attend qu'elles luy aydent à fouftenir vn fi pefant fardeau. Ces deux figures font les Genies de la France & de l'Efpagne, qui fe font affez connoiftre par les differentes couleurs de leurs veftemens, car le Genie de la France eft veftu de blanc & de bleu, & celuy de l'Efpagne eft veftu de jaune & de rouge.

Cét Atlas a le front ceint d'vn bandeau Royal; il eſt couuert d'vn grand manteau rouge, il a vne eſcharpe de meſme couleur ornée de trois Eſtoilles d'or, & aupres de luy vn Faiſceau d'armes auec la hache. Ce Manteau, cette Eſcharpe & ce Faiſceau repreſentent le veſtement & les armes du premier Miniſtre, dont les ſoings ont eſté ſi vtils & ſi glorieux à la France. Ces armes ſont des armes pleines de myſteres, & où le Ciel ſemble auoir marqué comme dans l'Eſcu que Venus fit voir autresfois à Ænée, les grandes choſes que cét incomparable Miniſtre deuoit vn jour accomplir. Car le Faiſceau qui eſt le ſymbole de l'vnion & de la concorde, repreſente ce grand Cardinal eſtabliſſant la concorde & la Paix entre la France & l'Eſpagne, ſignifiées par les deux differentes couleurs dont le champ & la face de l'Eſcu ſont compoſez, la hache qui eſt au milieu du Faiſceau & qui ſignifie la Iuſtice & la puiſſance, repreſente la force de ſon eſprit & la juſtice de ſes actions, par leſquelles il s'eſt rendu ſi conſiderable, qu'il eſt deuenu l'arbitre d'vne Paix dont toute l'Europe reſſent aujourd'huy les aduantages. Les trois Eſtoilles d'or qui dominent ſur tout l'Eſcu, ſont comme trois aſtres qui forment vne conſtellation fauorable à la France & à l'Eſpagne, & dont les douces influences doiuent rendre ces deux Royaumes heureux & puiſſans par les trois ſortes de biens qu'elle a déja reſpandu ſur eux; ſçauoir par la Concorde & la Paix qu'elle a reſtablie entre deux ſi grands Monarques, par l'amitié & la bonne intelligence qu'elle met parmy les peuples, & enfin par le Mariage du Roy & de la Reyne, qui eſt le lien indiſſoluble dont la Paix & la bonne intelligence des Roys & des peuples ſeront à jamais vnies.

Quant au Manteau dont cét Atlas eſt couuert, il ſignifie par ſa pourpre le rang illuſtre que ſon Eminence tient dans l'Egliſe, & ſi le bandeau dont le front de cette figure eſt ceint, marque l'authorité Royalle, il marque auſſi le ſouuerain Sacerdoce, puis qu'anciennement les ſouuerains Pontifes auoient le front ceint d'vn ruban : c'eſt pourquoy le Peintre a voulu repreſenter par cét Ornement, non ſeulement l'honneur & la gloire, dont la teſte de cét homme illuſtre ſera à jamais couronnée, mais encore le ſouuerain Sacerdoce dont il merite d'eſtre vn jour honoré.

Il a peint ce grand perſonnage ſous la figure d'Atlas, portant vn Globe ſur ſes eſpaules, pour faire entendre que comme Atlas a eſté recommandé parmy les Anciens pour auoir parfaitement connu le cours des aſtres & le mouuement des Cieux, de meſme ce grand perſonnage eſt recommandable par la parfaite connoiſſance qu'il a de tous les Eſtats du monde, & de tous les intereſts des Princes.

On a ainſi placé cette figure au deſſus de l'Attique, entre l'Obeliſque & l'Arc, parce que le premier Miniſtre eſt comme le mediateur entre le Roy & le peuple, & que c'eſt par ſon organe que le Roy fait entendre ſes volontez.

Et comme le Ciel a deſtiné cét excellent Miniſtre pour eſtre le pacificateur des differents, non ſeulement de la France & de l'Eſpagne, mais de tous les peuples Chreſtiens, on l'a repreſenté mettant vn Globe entre les mains des genies de la France & de l'Eſpagne, pour faire voir que par cette Paix ſi celebre, & ce Mariage ſi ſolemnel, il rend ces deux Royaumes maiſtres de tout le monde. Car ce Globe repreſente le monde entier, & les fleurs de Lys d'or y ſont ſeulement pour marquer l'aduantage de la France par deſſus toutes les autres nations, n'y en ayant point qui ſoit aujourd'huy ſi illuſtre ny ſi glorieuſe, car ces deux Genies ſouſtiennent ce Globe chacun auec vne main, & de leurs autres mains ils tiennent la Couronne de France qui eſt au deſſus, pour montrer que l'Eſpagne meſme contribuera deſormais par ce grand Mariage à la ſouſtenir, & à la faire regner ſur tout le monde.

Derriere ces deux Genies & ſur les Frontons il y a en forme de trophées, des Guidons où ſont repreſentées les armes des Villes conquiſes ſur l'Eſpagne, & laiſſées à la France en faueur de la Paix, & du Mariage. Celles des Villes conquiſes comme Aras, Briſac, Perpignan, &c. ſont aupres du Genie de la France, & celles des Villes laiſſées par l'Eſpagne, telles que ſont Graueline, Marienbourg & les autres du coſté du Genie d'Eſpagne.

Au deſſus de la Couronne que ſupportent les deux Genies, paroiſt vne femme qui tient dans ſes mains deux Trompettes, dont les banderolles ſont enrichies des Chiffres du Roy & de la Reyne, c'eſt la Renommée qui publie par toute la terre l'alliance des deux plus Auguſtes nations du monde, qui fait retentir de toutes parts les noms de leurs Majeſtez.

Quant à l'Obeliſque qui repreſente l'authorité Royalle, elle eſt enrichie de deux bas reliefs releuez d'or; dans l'vn on void la France à genoux en eſtat de Suppliante, qui reçoit auec vne joye extrême des mains de la Reyne-Mere vn jeune Enfant que la prouidence Diuine figurée vn peu plus haut, vient de luy apporter. On a voulu marquer ſur cette Obeliſque la naiſſance comme miraculeuſe de noſtre grand Roy que Dieu donna à la France apres 20. années de vœux & de prieres.

Dans l'autre bas relief eſt peint le Genie de la France qui apporte ſur ſon bouclier le portraict de la Reyne comme vn nouueau Palladium, l'on void qu'à ſon aſpect Bellone qui eſt la Deeſſe de la guerre, s'enfuit toute eſpouuantée, par ce qu'en effet ç'a eſté par le Mariage que la Paix a eſté entierement affermie.

On auroit encore pû repreſenter ſur cette Obeliſque les belles actions que noſtre grand Monarque a faites depuis qu'il eſt monté ſur le Trône de cette Monarchie: mais combien euſt il fallu peindre de combats donnez, de Villes gagnées, & de Victoires remportées par Mer & par Terre? Il ſemble que ce nom de Paix doiue effacer toutes ces images glorieuſes, mais fu-neſtes; l'on a donc obmis toutes ces grandes choſes pour s'arreſter ſeulement à celle qui eſt la plus illuſtre qui ſert aujourd'huy de recompenſe à tant de trauaux paſſez, & qui en rendant celebre le nom de noſtre Auguſte Monarque, doit rendre à jamais ſes peuples bien-heureux.

Auſſi l'on a mis à la pointe de l'Obeliſque vne belle femme aſſiſe ſur vn globe Celeſte. Elle a des ailes au dos, vne Couronne d'or ſur la teſte, & la gorge découuerte. D'vne main elle tient vn cercle d'azur ſemé d'eſtoilles d'or, qui enferme les Chiffres du Roy & de la Reyne, & de l'autre elle tient vne Corne-d'abondance & vne Trompette dont la banderolle eſt d'vn bleu celeſte, & où l'on voit eſcrit en lettres d'or, ÆTERNITAS.

Cette figure repreſente la gloire immortelle qui a mis en depoſt les noms de leurs Majeſtez dans ce cercle d'azur, qui eſt la figure de l'Eternité Elle eſt aſſiſe ſur vn globe Celeſte, pour montrer qu'elle eſt éleuée au deſſus de toutes choſes, & qu'elle dure eternellement. Sa gorge découuerte ſignifie que la veritable gloire eſt connuë de tout le monde; ſa Couronne d'or fait voir que le prix de la gloire eſt toûjours ſolide & illuſtre, & qu'eſtant fondée ſur la vertu, elle ne manque jamais des biens veritables & permanents qui ſont auſſi repreſentez par la corne d'a-bondance qu'elle tient à la main: Quant à ſa Trompette, elle montre aſſez comme la gloire ne manque jamais de ſe répandre par tout le monde, & que celle de leurs Majeſtez ne ſe fera pas ſeulement connoiſtre par toute la terre, mais qu'elle y demeurera à jamais triomphante & re-uerée de tous les peuples.

Or l'on void bien que toutes ces figures qui ſont peintes au deſſus de l'Arc, ne ſont point des figures qui chargent l'Edifice, parce que ce ne ſont point des ſtatuës de bronze ny de marbre, mais des Diuinitez que le Peintre a judicieuſement repreſentées au naturel; Elles paroiſſent à l'entour de cét Obeliſque comme ſi elles s'y eſtoient aſſemblées pour aſſiſter à cette grande ceremonie, pendant que toute la France adreſſe au Ciel ſes vœux & ſes prieres, afin de combler de mille benedictions vn Mariage ſi deſiré.

La face de l'Obeliſque qui eſtoit veuë du coſté du Pont-neuf, n'auoit pas eſté enrichie auec tant de ſoing, auſſi eſtoit-elle la moins conſiderable à l'égard de l'Entrée pour laquelle elle auoit eſté eſleuée: On s'eſtoit contenté de la reueſtir de marbre feint de diuerſes couleurs, taillé de differentes façons, ſelon le lieu où il eſtoit employé. Le portique qui luy ſeruoit de baze, eſtoit enrichy de quatre pilaſtres ſouſtenus & couronnez ſelon les regles de l'ordre Dorique. Au deſſus de la corniche dans vne grande pierre de marbre noir qui luy ſeruoit comme d'atti-que, on liſoit en gros caracteres dorez cette inſcription Latine qu'il fallut abreger, à cauſe de la place qui ne ſe trouua pas aſſez haute, & que l'on reſtituë icy en ſon entier, auec vne explication autant fidele que le vers & le changement d'Idiome a pû ſouffrir.

QVISQVIS AVI MONVMENTVM HINC CERNIS, ET INDE NEPOTIS,
   HINC OPVS EGREGIVM PACIS ET INDE VIDES.
PACEM RESTITVIT PALMIS GRAVIS ALTER ET ANNIS,
   PACEM ALTER IVVENIS VICTOR ET IPSE REFERT.
MVNVS VTERQVE SVIS PACEM DEDIT, ALTER ET ORBI
   ARBITRIIS PACANS OMNIA REGNA SVIS.
NAM QVOD PARTA QVIES ITALIS, QVOD PARTA BRITANNIS,
   SARMATA QVOD REQVIEM QVODQVE SVECVS AMAT.
HÆC LODOICEÆ, PACIS SVNT MVNERA. MAGNVM
   MAIOR AVVM HAC POTVIT VINCERE PARTE NEPOS.
HINC ETIAM VICIT, SANCTI QVOD FOEDERA PACTI
   REGIVS ÆTERNO FOEDERE SANXIT HYMEN.

QVOD

QVOD PAX SVBIECIT POPVLOS, QVOD DEDIDIT ARCES,
FORTIOR ET MARTIS VIRIBVS VNA FVIT.
ET MIRARIS, AVI CELSO SVPER IRE COLOSSO
• QVOD LODOICEVS CONSPICIATVR, APEX.

*C*ES *pompeux monuments éleuez à la gloire*
D'HENRY *de qui par tout triomphe la memoire,*
Et de LOVYS *rejeton de ce sang glorieux,*
A qui la France doit ses Heros & ses Dieux;
Ce colosse & cét Arc sont les fameux ouurages
Qu'a consacré la Paix à ces deux grands courages,
Par d'égaux sentiments & de pareils projets
Ils ont tous deux donné la Paix à leurs sujets.
L'vn chargé de lauriers, de palmes, & d'années
A d'vn terme si beau ses Victoires bornées :
L'autre pouuant donner aux siennes libre cours,
L'arreste, & fait la Paix au plus beau de ses jours.
Vray arbitre de Paix comme foudre de guerre
Puis que par luy la Paix regne dessus la terre.
Ce calme dont joüit le Sarmate & l'Anglois
Le peuple Italien, & le fier Suedois,
Sont des dons de LOVYS, *qui sçait porter sa gloire*
Plus haut que son Ayeul en cette illustre histoire ;
HENRY *ne donna point à des peuples diuers*
Cette Paix que LOVYS *donne à tout l'Vniuers,*
Qui prend encor sur luy cét heureux aduantage
De là seeller du sceau d'vn Royal Mariage :
La valeur que la terre admiroit autresfois
Par là se voit soumise à reuerer ses Lois.
Ne t'estonne donc pas si cette Pyramide
Passe le monument de nostre ancien Alcide.

H H

HOSTEL
DE VILLE.

L A magnificence de cét Edifice eſt trop connuë, pour occuper ma plume à en faire vne deſcription particuliere : il n'eſt guere venu d'Eſtrangers à Paris qui n'aient eû la curioſité de viſiter ſon Hoſtel de Ville, & ceux qui n'ont pas encore rendu leurs hommages à cette Capitale du premier Royaume du monde, ſe perſuadent aſſez par la Majeſté de ſes Palais, & par la grandeur des Maiſons particulieres dont ils entendent parler, que celle-cy ne peut eſtre que tres-belle.

En effet ſi nous penetrons le corps de cét Edifice; le premier Eſcallier qui ſe preſente d'abord pour monter en la Court, ne ſurprend il pas autant, par la taille de ſes marches, qui forment les deux côtez d'vne parſaite Oualle, que par ſa grandeur? Peut-on ne pas admirer dans la diſtribution de ſes appartements la Salle des ceremonies où ſe tiennent les Aſſemblées generales, ſi vaſte, d'vne ſi belle éleuation, & ſi remarquable par les Tableaux apres le naturel dont elle eſt tapiſſée de ceux qui ont eſté appelez au Gouuernement de la Ville, particulierement des deux qui ſe voyent ſur les Cheminées, que l'on dit eſtre de la main de Porbus, & que les habiles eſtiment comme vn chef-d'œuure de l'Art.

Cependant ce n'eſt pas là ce qu'il y a de plus conſiderable en cette Maiſon, on doit bien faire plus de cas de l'œconomie & de la police qui emanent continuellement auec tant de juſtice de ſon Tribunal, & dont ſans ſortir de noſtre matiere, nous ſerons contraints d'admirer les productions & les effets. Mais nous nous en eſcarterions en quelque façon & paſſerions les bornes que nous nous y ſommes preſcrittes, ſi nous examinions autre choſe que ce qui fut expoſé en veuë le jour de l'Entrée; Cette ſeconde partie eſt conſacrée aux preparatifs qui furent faits dans la Ville, pour la reception de leurs Majeſtez. C'eſt ce qui nous oblige de parler icy de ceux que nos Magiſtrats reglererent en cét endroit, & nous n'auons pas crû deuoir dénier vne planche particuliere à cét Hoſtel de Ville, où toutes les autres de ce Livre ont eſté comme engendrées & produittes.

Cette planche repreſente naïfuement la face qui regarde ſur la place de Gréve, & il ſuffit pour l'expoſer de meſme qu'elle le fut le jour de l'Entrée, de dire qu'outre les tapis de Perſe & de Turquie, dont les appuis de ſes feneſtres furent couuerts; on diſpoſa dans les endroits plus eminents & moins chargez des ornements d'Architecture; quatre grandes guirlandes de fleurs qui ſeruoient de bordure aux Tableaux, dans leſquelles eſtoient peintes ſeparement les armes du Roy, celles de la Reyne, celles du Gouuerneur, & celles de la Ville.

Vne autre marque de joye & d'allegreſſe publique; mais plus ſenſible & agreable au menu peuple ordonnée en ce meſme lieu, fut les Fontaines de Vin blanc & clairet, qui coulerent auec abondance toute la journée.

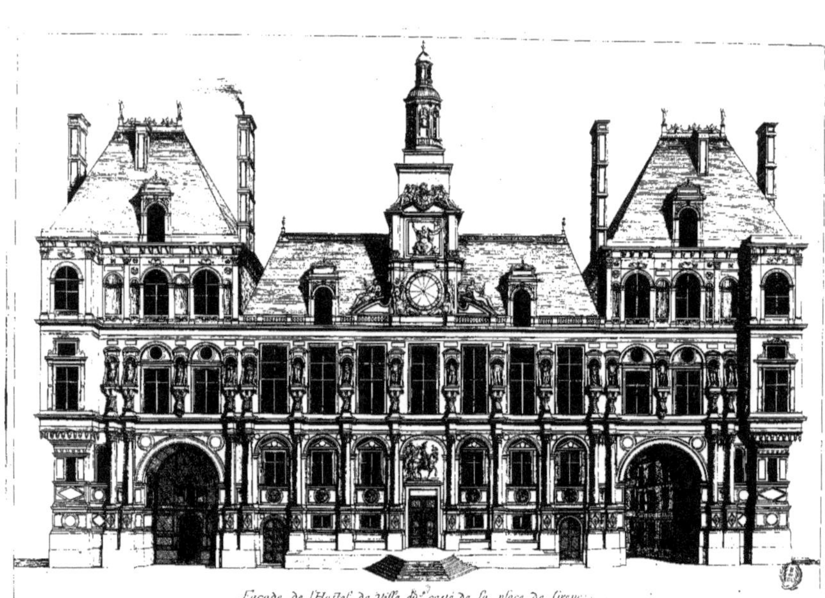

Façade de l'Hostel de Ville du costé de la place de Grève

DES ARCS DE TRIOMPHE
EN GENERAL
ET DE LEVRS MVSIQVES. ·

TOVS ces Arcs de triomphes que nous venons de deſcrire, dont le corps ſolide & intericur eſtoit d'vne forte charpenterie, taillée & dreſſée par l'ordre du ſieur Cochy, Maiſtre des œuvres de Charpenterie de la Ville, auoient aſſeurement leurs beautez particulieres, & je ne ſuis pas ſi temeraire ny ſi mal aduiſé que de vouloir decider de leur preference; tel eſtoit eſtimé pour ſon deſſein qui le cedoit à la ri-cheſſe d'vn autre, l'vn paſſoit pour le plus agreable, l'autre pour le plus ſurprenant; le premier tenoit du grand, le ſecond l'emportoit pour le ſolide, & le diſputoit pour la correction de ſes figures: mais ce que l'on peut dire de tous en general, eſt qu'ils ont ſurpaſſé de bien-loing ceux qui les ont precedez en de pareilles ceremonies, & meſme l'attente que l'on pouuoit en auoir legitimement conceuë: car il eſt certain que dans le peu de temps qui fut donné à nos Magi-ſtrats pour preparer cette Entrée, il n'y auoit que Paris ſeul, & Paris floriſſant comme il eſt au-jourd'huy, qui fuſt capable de fournir aſſez d'ouuriers, & les ſoings infatigables de ſes Officiers municipaux parfaitement ſecondez de l'intelligence & de l'aſſiduité du ſieur Noblet Archi-tecte du Roy, & Maiſtre des œuures de la Ville, de faire executer ces excellentes idées, qui au-roient ſans doute effacé la memoire de ce qui s'eſt fait aux autres receptions, ſi vn zele, vne affection, & vne ſoûmiſſion pareille à la noſtre, n'auoient animé les deſſeins de ceux qui lors les ordonnerent.

Outre les Enrichiſſemens dont nous auons parlé, & qui eſtoient comme propres & eſſen-tiels à ces Arcs, chacun auoit encore quelque accompagnement particulier qui recreoit l'o-reille, & éleuoit l'eſprit, pendant que les yeux s'occupoient à conſiderer ce qu'il y auoit de plus materiel.

Au plus haut de l'Arc du Faux-bourg ſaint Antoine, on auoit mis vne douzaine & demye de Haut-bois, qui ſeruoient comme d'Echo aux Trompettes qui venoient de temps en temps du coſté du Trône, & qui à leur enuy rempliſſoient l'air de mille fanfares agreables. Vne bande exquiſe de Violons auoit eſté placée ſur vn Eſchafaut fait exprés à la porte de la Ville.

Le Parnaſſe retentiſſoit de ces tons d'allegreſſes ſi fort en vſage dans les triomphes Ro-mains, & qui furent icy tous employez à l'honneur de leurs Majeſtez, par la bouche & les inſtruments de quatre-vingts Muſiciens qui parurent le jour de l'Entrée, ſur vn Amphiteatre dreſſé dans le paſſage du Cemetiere de ſaint Iean, ſous la conduitte du ſieur du Mont l'vn des premiers de ſa profeſſion, ſans contredit, de ce ſiecle, & il ne falloit pas vn moins habile homme, pour faire valoir ces belles paroles de l'Abbé de Bois-robert.

Venez ó Reyne triomphante!

Et receuoir des vœux, et nous donner des Loix.

Venez regner ſur les cœurs des François;

Et perdez ſans regret le beau tiltre d'Infante,

Entre les bras du plus beau des Roys.

Voyez dans ſa pompe éclatante

Cét eſpoux ſi fameux par tant de grands exploits,

Qui vient borner ſa gloire à voſtre chois.

De ſes peuples charmez, venez remplir l'attente

Et triomphez du plus grand des Roys.

Les Mufettes de Poictou accompagnoient l'Arc du Pont noftre-Dame, où elles auoient efté mifes fort à propos, tant par ce que ce monument eftoit entierement confacré à l'amour, qui fe plaift parmy ces fortes d'inftruments ; qu'à caufe que le lieu eftant affez referré, leur fon qui n'eft pas bien fort, pouuoit eftre mieux entendu.

Dans la mefme veuë les Cremones qui prennent le deffus, auoient efté poftées dans le Marché-neuf qui eft plus vafte, où elles ne manquoient point de redoubler leurs efforts felon la qualité des perfonnes qu'elles voyoient paffer.

La place Dauphine ne fut pas plus mal partagée dans la diftribution des Mufiques, qu'elle l'auoit efté dans l'ordonnance de fes Ornemens ; car on luy donna cette bande illuftre des vingts-quatre Violons, qui paffe auec juftice pour la mieux concertée de l'Europe, & qui ne pouuoit pas qu'elle ne fit de fon mieux, animée comme elle eft toûjours, du feruice de fon Roy, de la maifon duquel elle a l'honneur d'eftre, & en cette occafion du zele particulier de fa patrie.

TROSNE

Haute Dais ou Throsne Royal
Iean Marot fecit

TROSNE
OV
HAVT DAIS.

ES chofes ayant efté ainfi difpofées dans la Ville, pour la reception de leurs Majeftez; il reftoit de leur preparer vn lieu où elles puffent auparauant receuoir fans incommodité & auec efclat, les refpects & les foumiffions de tous les Ordres qui la compofent : Et jamais chois ne fut plus heureux que celuy qui fe fit de l'endroit où l'on éleua le haut Dais, qui deuoit feruir à cette ceremonie; car bien que fes dépendances occupaffent beaucoup de place, il en reftoit fuffifamment pour le paffage; & quoy que fon Eftrade ne fuft pas éleuée de plus de neuf à dix pieds, elle ne laiffoit de dominer fur toutes les maifons, & mefme fur le premier Arc, qui luy feruoit d'vne agreable perfpectiue. Auffi l'auoit-on pofé vis à vis de la derniere maifon du Faux-bourg faint Anthoine, juftement à l'endroit où le terrain s'éleue pour gagner le niueau de la campagne. De forte que fon afpect eftant vers la Ville, il auoit à fa main droicte cette grande maifon nouuellement baftie, au premier eftage de laquelle il communiquoit de plain-pied par vne gallerie faite exprés, & à fa gauche le chemin qui va au Chafteau de Vincennes, prefque auffi fpacieux, & auffi libre qu'il l'eft ordinairement.

En ce lieu on éleua vne Eftrade de trente-fix pieds de long, fur vingt & vn de large, à laquelle on montoit de trois coftez par dix-huict marches, & plus en quelques endroits à caufe de l'inegalité du rez de chauffée, chacune d'vn pied de giron; fa couuerture en forme de pauillon, eftoit portée fur quatre pilaftres de hauteur, & de force proportionnée à la grandeur de l'Edifice, qui fouftenoient vne corniche taillée en faillie, felon l'ordre Corinthien.

Cette couuerture eftoit difpofée en forte qu'elle formoit quatre crouppes, & comme elles eftoient coupées dans le milieu, elles laiffoient cinq amortiffements, fur lefquels il fut mis autant de groffes Fleurs-de-Lys doubles, d'or bruny, qui luy feruirent de couronnement, & qui releuerent tres-bien le taffetas bleu dont tout le toit auoit efté couuert, & de plus orné de larges paffements d'argent fur toutes les arreftes, & coûtures.

La corniche peinte en couleur de Luth, dont les ornements plus releuez comme les filets & modillons eftoient d'or, ne feruoit pas feulement à porter cette couuerture, mais encore elle foûtenoit des doubles pentes d'vne belle eftoffe de foye ondée de differentes couleurs enrichie de paffement, mollet, & crépine d'or & d'argent.

Les Pilaftres, le Plafond, & toute l'enfonceure eftoient garnis de pareille eftoffe. Sur l'Eftrade on auoit mis des tapis qui defcendoient le long & jufques au bas des degrez, lefquels eftoient renfermez d'vne barriere à jour, & à hauteur d'appuy que l'on auoit fait tout autour, à trois toifes de diftance.

Pour acheuer de former ce Trône, on mit deux riches fieges à bras, que nous nommons ordinairement fauteüils, & autant de carreaux fur vne autre petite eftrade de deux degrez feulement, que l'on auoit éleuée dans le milieu, fous vn Dais à longue queuë de toile d'argent, garny de fes franges & crépines auffi d'or & d'argent.

Et quoy que tout cét appareil fuft tres-propre, & tinft affeurement du grand, il faut demeurer d'accord que l'on pouuoit faire quelque chofe de plus, à quoy l'on ne s'eftoit nullement difposé, veû que les premiers ordres n'auoient efté que pour vne fimple reception & non pour vne Entrée, mais outre qu'il eût fallu en auoir le temps, de quel aduantage vn plus riche appareil, puis que tel qu'il eût efté, il ne fe pouuoit qu'il ne fuft obfcurcy par l'efclat & la Majefté dont ce Trône deuoit eftre chargé au jour de fa grandeur, & dont auec juftice il tirera plus de gloire qu'il n'eût fait de tous les autres ornements dont la ville de Paris, toute opulente qu'elle eft, eftoit capable de l'enrichir.

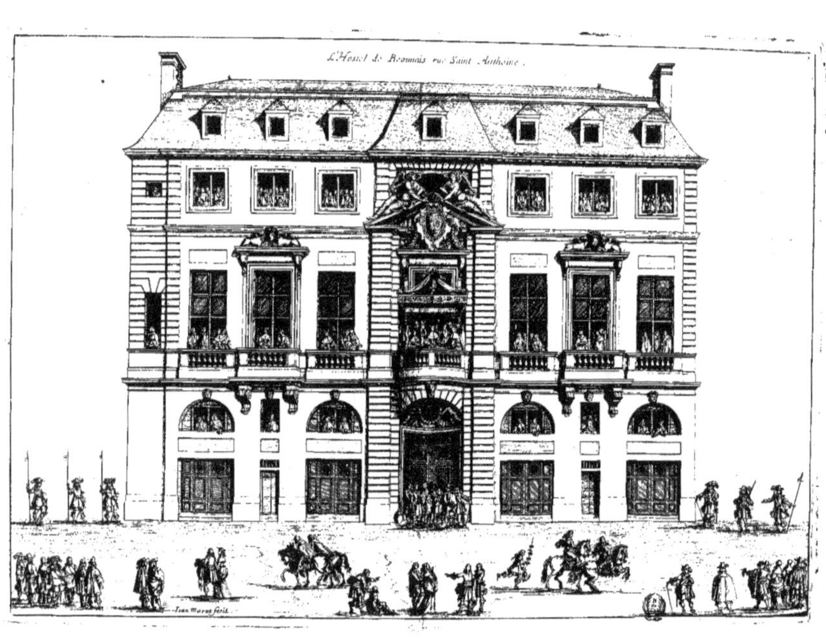

L'Hostel de Beauvais rue Saint Anthoine.
Jean Marot fecit.

MARCHE
A L'ENTREE
DE LEVRS MAIESTEZ
EN LA VILLE DE PARIS.

E Ieudy vingt-fixiéme du mois d'Aouft, jour choifi par leurs Majeftéz, pour faire leur Entrée dans leur bonne ville de Paris, & difpofé par le Ciel pour la rendre auffi belle, auffi agreable, & auffi commode qu'on le pouuoit fouhaiter; chacun preuint l'aurore pour fonger à prendre les places qu'il auoit retenuës, ou qui luy auoient efté marquées, de forte que les Amphitheatres parurent dés la pointe du jour remplis, les feneftres occupées, & jufques aux toicts des maifons chargez d'autant de fpectateurs qu'ils eftoient capables d'en contenir: auffi le nombre ordinaire des Habitans qui va à plus de huict cent mille ames, auoit-il efté bien augmenté par ceux qui eftoient accourus, non feulement de toutes les Prouinces du Royaume, mais encore des pays eftrangers, pour eftre témoins de ce triomphe Royal, en faueur duquel l'horloge du Palais qui fert de beuffroy à la ville de Paris, & qui comme telle eft entretenuë de fes deniers, celles de l'Hoftel de Ville, & de la Samaritaine fonnerent toute la journée, en forme de toxin, pour marque de l'allegreffe publique.

La Reyne-Mere fe plaça fur les balcons de ce magnifique Palais que la Dame de Beauuais, fa premiere femme de Chambre a fait baftir dans la ruë faint Anthoine. Celuy du milieu qui eft le plus grand & le plus aduancé, auoit efté couuert d'vn Dais à longue queuë de velours rouge cramoify enrichy de larges paffements, & de hautes crefpines d'or & d'argent, fous lequel la Reyne-Mere fit mettre à fa droitte la Reyne d'Angleterre, & entre elles la Princeffe fa fille; le Milord Germain, le Comte de Nogent pere, & peu d'autres eftoient derriere elles debout.

Les deux autres balcons auffi bien que celuy-cy, auoient fur léurs appuys de tres-fins tapys de Perfe, les Dames de la Cour des Reynes remplirent celuy du cofté des Iefuiftes; Monfieur le Cardinal Mazarin qui ne fe trouua pas encore affez bien remis de fa maladie, pour paroiftre à la caualcade, & prendre part à vn triomphe auquel il auoit tant contribué, fe mit fur l'au⬤, & eût prefque toujours aupres de luy Monfieur de Thurenne en habit noir.

La Chancellerie au mefme Equipage que nous la verrons tantoft paroiftre dans la marche, & faire l'vne des plus belles parties de cette Entrée, fe rendit au Trône pour y attendre le Roy.

Les Officiers de Ville partirent en corps de fon Hoftel commun où eftoit leur rendez-vous, & allerent au Faux-bourg faint Germain querir fon Gouuerneur qui y faifoit fa refidence.

La Milice cependant fe raffemble au fon de fes Tambours & de fes Fifres, & marche fous fes Drappeaux aux poftes qui luy auoient efté prefcrits par le mandement de la Ville.

La Colonnelle de Monfieur de Séve, comme la premiere, fe plaça la plus proche du Roy, & dans la confiance que fa Majefté eût la bonté de prendre en la fidelité des Bourgeois armez, fi entiere qu'elle ne voulut pas mefme auoir fes gardes du Corps autour de fa perfonne, cette Colonnelle receut l'honneur de garder toutes les aduenuës du Trône & de border par le dehors fes barrieres.

Les cinq autres fuiuantes; fçauoir Lamoignon, d'Eftampes, Tibœuf, Longueil, & Boucher acheuoient le Faux-bourg faint Anthoine; Guenegaud tenoit la porte de la Ville, & s'eftendoit vers les filles de fainte Marie; Vauroüy, Bragelonne, & Coulon, occupoient le refte de la ruë ſaint Anthoine ; Preuoſt ſuiuoit en la ruë de la Tiſſeranderie, & tenoit le deuant de l'Hoſtel de Ville, Laduocat depuis la Gréve juſques au milieu du Pont noſtre-Dame, Scarron ce qui reſte de chemin depuis la moitié dudit Pont juſques à l'Egliſe de la Madelaine, Lalleman le Marché-neuf, Girard & Alligre, comme les dernieres Colonnelles, auoient à garder le Quay, la ruë du Harlay, & la place Dauphine.

Toute cette Milice encore plus braue & plus leſte qu'elle n'auoit paru dans les reueuës, tenoit la routte de l'Entrée entierement libre, par le moyen de la double haye qu'elle formoit le long de ſes ruës ; Et quoy que ce fuſt le principal deſſein de nos Magiſtrats lors qu'ils l'auoient ainſi diſtribuée, elle ne laiſſa pas de contribuer encore beaucoup à l'ornement de ces paſſages, qu'ils auoient pris ſoing tres-particulier de faire non ſeulement nettoyer & arrouſer ; mais encore embellir de riches Tapiſſeries & de beaux Tapis, qui parurent ſur les balcons & aux feneſtres, & dont on couurit les murs qui ne l'eſtoient pas par les Amphitheatres, éleuez dans les grandes ruës juſques aux premiers eſtages, ſelon l'allignement qui en auoit eſté donné par les Officiers de Ville, qui en ces occaſions ont les droits de Police & de Voirie, & qu'ils exercerent en celle-cy auec tant d'aſſiduité, de vigueur, & de prudence, qu'on ne vit pas le moindre deſordre conſiderable arriuer de cette quantité d'échafauts faits aſſez à la haſte, qu'on ne receut aucune incommodité, ny de la bouë, ny de la pouſſiere : ce qui eſt aſſez extraordinaire, & ce qui juſques icy eſtoit inoüy & inconceuable, que dans vne ſi longue ſuitte de chemin on ne trouua ny preſſe ny embarras.

Sur les huiƈt-heures du matin leurs Majeſtez qui depuis leur retour auoient toûjours demeuré au Chaſteau de Vincennes, où nous les auons veû deſcendre, & ſalüer par les plus conſiderables Corps de la Ville, arriuerent au Trône ſur lequel ils monterent par le coſté de la maiſon qui le joint.

Le Roy eſtoit veſtu d'vn Habit en broderie d'argent trait par bord, chargé d'vne riche garniture d'argent & de ſoye incarnat, il auoit l'Eſpée au coſté, & ſur ſon Chapeau vn ſuperbe bouquet de Plumes aſſorty à la garniture, attaché d'vne ſuperbe enſeigne de Diamans.

La Reyne eſtoit coiffée & habillée comme le ſont nos Dames de France, à la reſerue de la Couronne fermée qu'elle portoit au plus haut de ſa teſte ; l'Or, les Perles, & les Pierreries chargeoient ſi fort ſa Robbe, qu'à peine en pouuoit-on remarquer l'eſtoffe, & quoy que capables par leurs brillans, d'offuſquer le luſtre des plus riches brocars, ils ſe trouuerent eux-meſmes icy offuſquez par l'éclat des charmes de cette Auguſte Princeſſe, qui s'aſſit à la gauche du Roy, ſur l'vn des Fauteüils que l'on auoit placé au milieu du Trône.

Les Ducs de Boüillon, de Créqui, & de Treſme, grand Chambellan, premier Gentilhomme de la Chambre en année, & Capitaine des Gardes-du-Corps en ſeruice, ſe mirent derriere la chaiſe du Roy, à coſté de laquelle eſtoit le Chancelier de France, en ſon habit de Ceremonie que nous démelerons dans la Marche ; il auoit derriere luy quatre Maiſtres des Requeſtes.

Monſieur Frere vnique du Roy, fut toûjours de bout & nuë teſte, proche ſa perſonne Sacré du meſme coſté & en ſuitte ſur la meſme ligne le Prince de Condé, le Duc d'Anguien ſon fils, & le Prince de Conty, Monſieur du Pleſſis-Guenegaud Secretaire d'Eſtat, dans le departement duquel tombe la maiſon du Roy & la ville de Paris, eſtoit auſſi en ce lieu auec Monſieur de Rhodes grand Maiſtre des Ceremonies, pour receuoir & preſenter à l'Audience les Corps qui deuoient haranguer, apres que le Sieur de Saintot Maiſtre des Ceremonies les auoit introduits & receus dans les barrieres.

La Reyne auoit derriere elle ſes Dames d'Honneur & d'Atours, la Ducheſſe de Nauaille & la Comteſſe de Bethunes, & à ſa gauche Mademoiſelle, Meſdemoiſelles d'Orleans, d'Alençon, & de Vallois, la Princeſſe de Condé, la Ducheſſe de Longueville, & nombre d'autres Princeſſes & Dames.

Les Gardes de la Manche eſtoient debout aux coſtez de leurs Majeſtez : les deux Huiſſiers de la Chambre auec leurs Maſſes de vermeil doré, à genoüil deuant elles le long des hayes, que faiſoient les Princes & les Princeſſes. Toutes les autres perſonnes qualifiées, & les Officiers de la Cour qui deuoient paroiſtre dans la Caualcade, s'eſtoient placez ſans ordre, comme ils auoient pû, dans les barrieres le long des degrez, & ſur le derriere du haut Dais, ſans touteſfois en empeſcher la veuë ny l'abord ; Et bien-loing de l'embaraſſer, il ſembloit que toute

cette

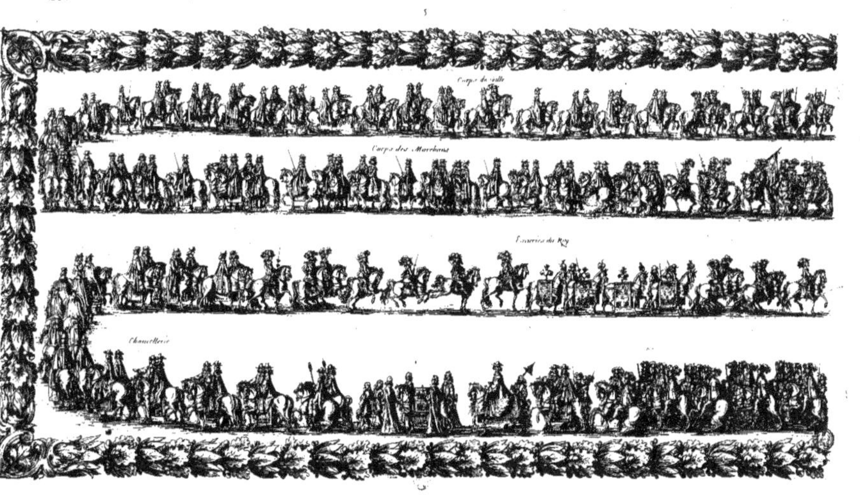

Corps de ville
Corps des Marchans
Escuries du Roy
Chancellerie

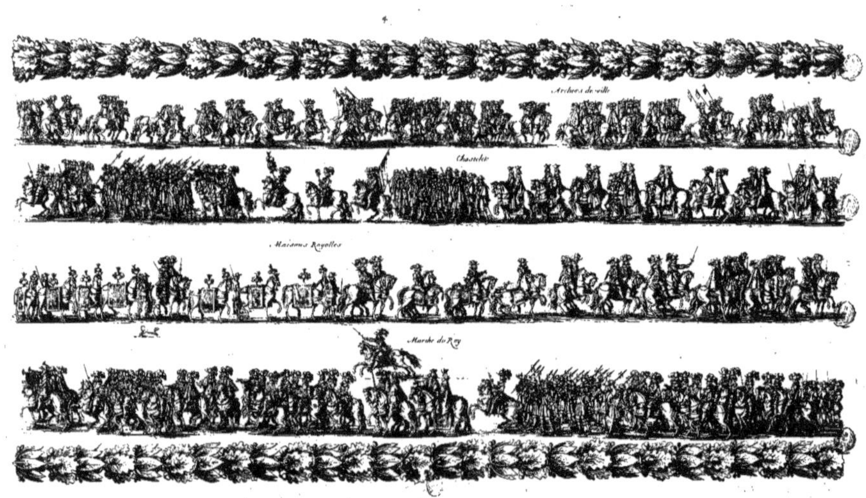

4
Archers de ville
Chastelet
Maisons Royalles
Marche du Roy

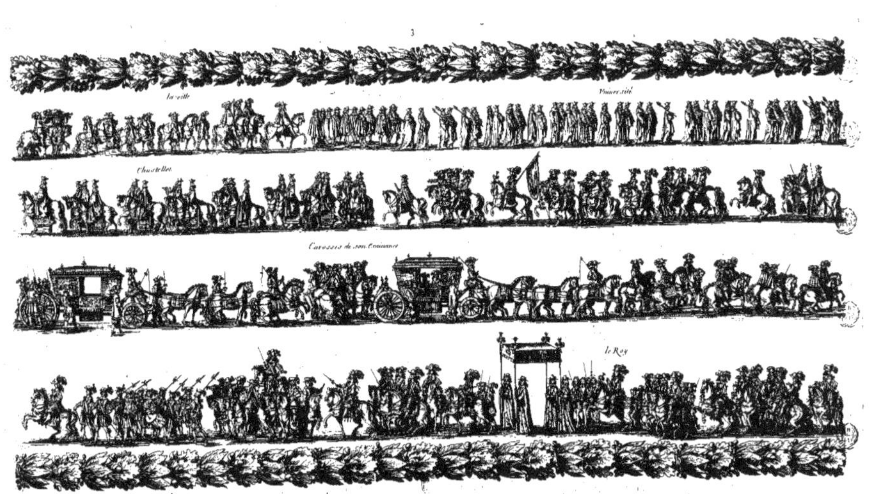
3
la ville
l'Université
le Chastellet
Carosses de son Eminence
le Roy

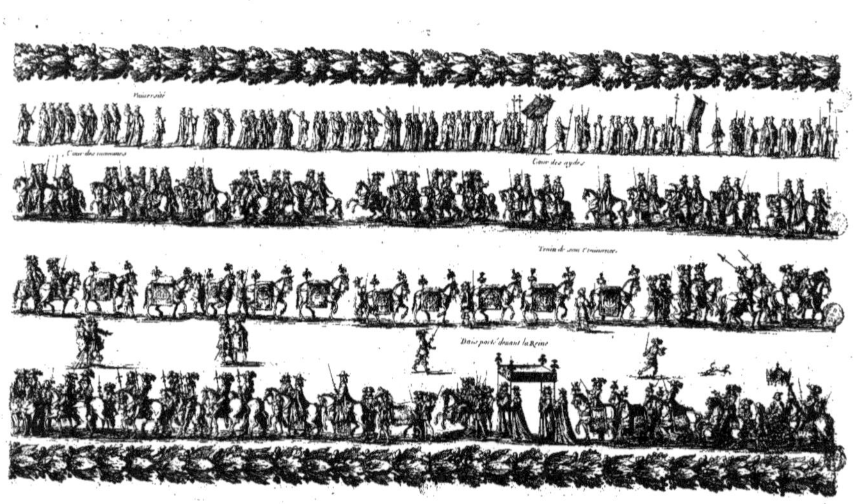
Vniuersité
Cour des communes
Cour des aydes
Train de son Eminence
Dais porté devant la Reine

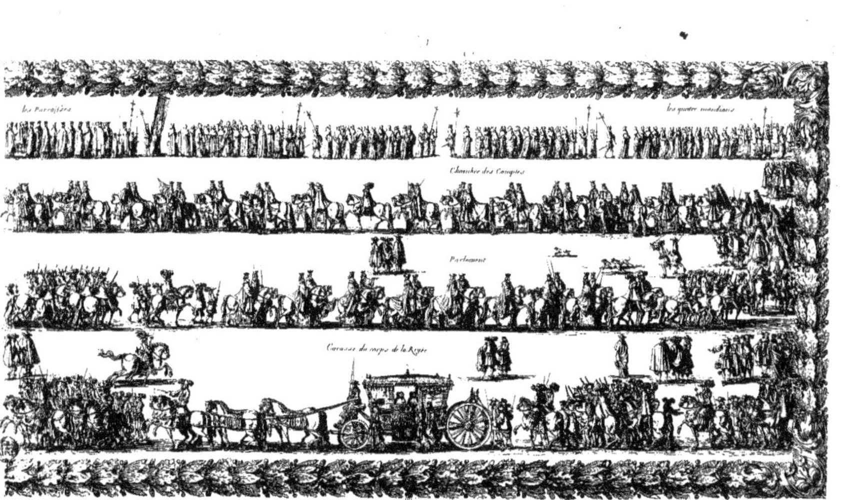
les Parroissiens
les quatre mendians
Chambre des Comptes
Parlement
Carosse du corps de la Reyne

cette Nobleſſe parée & adjuſtée comme elle eſtoit, euſt eſté diſpoſée à deſſein de la ſorte, pour l'embelliſſement de ce Trône; lequel en cét eſtat pouuoit pretendre la preference ſur ceux de Sapor Roy de Perſe, & de Neron, lors qu'il couronna dans Rome Tyridate Roy d'Armenie, dont l'Hiſtoire Profane nous fait tant de cas, & meſme s'égaler ſans vanité à celuy de Salomon, qui nous eſt dépeint ſi Majeſtueux au troiſiéme Liure des Roys.

Ce fut dans l'éclat de ce ſuperbe appareil aſſez approchant de celuy qui nous eſt repreſenté au ſecond liure de la Metamorphoſe,

ſedebat

In ſolio Phœbus claris lucente Smaragdis.

que ces Aſtres benins dont la conjonction eſt déja ſi heureuſe & ſi glorieuſe à la France, receurent les reſpects & les ſoûmiſſions de tous les Ordres de ſa ville Capitale.

BBB

CLERGÉ.

E Clergé tant Regulier que Seculier commença, & ſuiuant l'ordre qu'il auoit receu des Grands-Vicaires, ſe rendit à trois heures du matin dans l'Egliſe Metropolitaine, d'où marchant en ſuitte deux à deux par l'Iſle, le Pont-Marie, le quay de
l'Arſenac, & le Pont qui auoit eſté conſtruit au bout du Mail, il gaigna au trauers
du Faux-bourg ſaint Anthoine, la campagne du coſté de Charonne, où eſtoit le
Rendez-vous general ; Et vint, comme firent tous les autres Corps, par derriere le Trône,
pour reprendre & ſuiure les grandes ruës.

Les quatre Mendians, ſçauoir les Cordeliers, les Iacobins, les Auguſtins & les Carmes, qui
ſeuls de tous les Moines ont accouſtumé de ſe trouuer à ces Ceremonies, marchoient les premiers au nombre de deux cent, ſous quatre bandes diuiſées ſeulement par leurs Croix, qui alloient à la teſte de chaque Conuent, accompagnées de deux Cierges, que deux Acolytes
portoient dans des Chandeliers de vermeil doré.

Les Paroiſſes, outre leurs Croix, faiſoient porter leurs Bannieres par des Bedeaux, le nombre
des Preſtres tous en Surplis & Bonnets quarrez, auoient eſté reduits à trente, pour éuiter la
confuſion ; les Curez alloient ſeuls auec de riches Eſtolles en leur Col, & entre-eux gardoient
cét ordre, qui leur auoit eſté donné par eſcrit de la part des Grands-Vicaires.

> Saint Iacques & Saint Philippe du Haut-pas.
> Saint Martin.
> Saint Hippolite.
> Saint Nicolas du Chardonnet.
> Saint Medard.
> Saint Eſtienne Du-mont.
> Saint Hilaire.
> Saint Coſme & Saint Damien.
> Saint André des Arts.

L'on auoit marqué le lieu ſuiuant qui eſtoit, le premier en dignité, quoy que le dernier en
rang de l'Archipreſtré de ſaint Seuerin, pour la Paroiſſe de ſaint Sulpice ; mais comme l'Abbaye
de ſaint Germain, dont elle releue, pretendit qu'elle ne deuoit receuoir aucun ordre que de
ſon Grand-Vicaire, lequel n'en ayant point eû de particulier du Roy, ne luy en pouuoit pas en-
uoyer, comme on auoit d'autres choſes plus importantes à regler, Monſieur le Chancelier
luy permit de s'en diſpenſer.

> Saint Louys en l'Iſle.
> Saint Roch.
> La ville-l'Eueſque.
> Saint Laurent.
> Saint Germain de l'Auxerrois.
> Saint Sauueur.
> Les Saints Innocens.
> Sainte Opportune.
> Saint Euſtache.
> Saint Iacques de l'Hoſpital.
> Saint Barthelemy.
> Saint Leu, Saint Gilles.
> Saint Iacques de la Boucherie.
> Saint Ioſſe.
> Saint Nicolas Des-champs.
> Saint Iean en Gréve.
> Saint Geruais & Saint Prothais.

Saint Paul.
Saint Pierre des Arcis.
Saint Symphorien.
Sainte Croix.
Saint Martial.
Saint Germain le Vieil.
Sainte Geneuiéve des Ardans.
Saint Pierre aux Bœufs.
Saint Landry.

Saint Seuerin & Sainte Marie Madelaine, comme Archipreftrez marchoient les derniers cofte à cofte, celuy-cy à la droite. Tous les Ecclefiaftiques paffans deuant leurs Majeftez les falüoient d'vne profonde inclination, fans s'arrefter, & continuoient leur marche le long des ruës par où fe deuoit faire l'Entrée, chantans les Litanies des Saints.

Ils auoient à leur tefte vn Garde-du-Corps qui leur feruoit de guide, que le Maiftre des Ceremonies leur auoit donné auant qu'ils partiffent : ce qui s'obferua indifferemment à l'égard de tous les Corps qui deuoient marcher, & fi l'on en vit deux à la tefte de quelques-vns, c'eft qu'ils fe trouuerent de furnumeraires.

VNIVERSITÉ.

LES Proceffions ayans paffé deuant le Trône fans aucune interruption notable, l'Vniuerfité qui s'eftoit affemblée aux Mathurins pour fe rendre à Noftre-Dame, d'où elle auoit pris le mefme chemin, fuiuit incontinent en cét ordre, fur deux lignes.

Deux Bedeaux veftus de leurs robbes noires à manches pliffées, le Bonnet quarré en tefte, & les Maffes d'argent fur l'épaulle.

Cent quarante-quatre Maiftres-aux-Arts, auffi auec leurs Bonnets & Robbes noires à manches froncées.

Douze Bacheliers en Medecine auec leurs Epitoges fourées, precedez du fecond Bedeau de leur faculté, en Robbe noire & Maffe d'argent vermeil doré.

Quatre Bacheliers en droit Canon, auffi auec leurs Epitoges rouges, doublées de fourure blanche, & leur fecond Bedeau en mefme équipage que les autres.

Cent cinquante-deux Bacheliers ou Licentiez de la faculté de Theologie, ayans auffi leurs Bonnets quarrez en tefte, & leurs fourures blanches par deffus leurs longues Chappes noires, à la referue des Religieux qui eftoient en l'habit de leur Ordre ; le fecond Appariteur de cette faculté veftu de fa Robbe d'efcarlatte violette, de mefme forme que celle des Maiftres-és-Arts, marchoit fans Maffe à leur tefte.

Les quatre Procureurs des Nations de la faculté des Arts auec leurs Epitoges rouges, precedez de leurs Bedeaux auec Maffes de vermeil doré, ayans deuant eux le Clerc des Meffageries veftu d'vne Robbe noire à manches froncées, & par deffus d'vne Tunique comme les Heraults en forme de Cotte-d'armes, de toille violette, fur laquelle eftoient peintes deuant & derriere les Armes de l'Vniuerfité, & portant vn Bafton d'azur femé de Fleurs-de-Lys d'or.

Quarante-deux Docteurs en Medecine, qui auoient leurs fourures blanches par deffus leurs longues Chappes d'écarlatte rouge, leur premier Bedeau qui marchoit à leur tefte auec la Maffe d'argent doré, eftoit veftu d'vn Epitoge bleu fourré de vaire.

Six Docteurs en Droit-Canon, portans des Robbes d'écarlatte auec le Chaperon fourré, comme les Confeillers du Parlement, precedez de leur premier Bedeau & Greffier, en Epitoge violette fourrée de blanc.

Cent feize Docteurs en Theologie, ayans leurs grandes Chappes noires, & par deffus leurs fourures & tours de col d'Hermine blanche, les Religieux eftoient dans l'habit de leur Ordre, & auoient comme les autres des Bonnets quarrez fur leurs teftes : A l'égard de leur Greffier ou premier Appariteur, il portoit vne Robbe à manches froncées d'écarlatte violette, dont le collet rond, & renuerfé eftoit doublé d'vne fourure blanche.

Quatre Bedeaux de front auec leurs Robbes noires, leurs Maffes de vermeil doré, & leurs Bonnets quarrez.

Le Recteur ayant à fa gauche le plus ancien Docteur de la Faculté de Theologie, reprefentant le Doyen d'icelle, veftu comme fes Confreres ; Quant au Recteur, il auoit fa robbe d'écarlatte violette à manches froncées, ceinte d'vn tiffu de foye, auec pendans d'or, auquel eftoit attachée vne grande efcarcelle de velours violet, garnie de boutons & galons auffi d'or ; auec vn mantelet d'Hermine blanche fur fes épaulles, qui décendoit jufques à la moitié de fes bras.

Les Imprimeurs, les Libraires, & les Meffagers Iurez de l'Vniuerfité en leurs habits noirs ordinaires, & au nombre de cent à fix vingt, fermoient cette marche.

Le Recteur eftant arriué deuant le Trône, chacun fit halte le long du Faux-bourg faint Anthoine, pendant qu'il y monta, pour affeurer leurs Majeftez des refpects, & des foumiffions de ce fçauant Corps, que le Roy reconnoift pour fa fille Aifnée ; les Doyens des trois facultez Superieures, qui font Theologie, Droit-Canon, & Medecine, & le Procureur de la Nation de France, l'accompagnerent dans cette fonction ; les Procureurs des trois autres Nations pretendirent au mefme honneur, & perfuadez qu'il leur eut efté accordé dans les conteftations qui auoient efté formées quelques jours auparauant chez Monfieur le Chancelier, par les facultez Superieures, ils fe prefenterent & firent inftance à la barriere, mais inutilement, & ainfi leurs pretentions reciproques demeurerent indecifes.

Ceux qui eftoient entrez, furent receus comme les autres Corps qui vinrent en fuitte, & prefentez à l'Audience par le Secretaire d'Eftat, le grand-Maiftre, & le Maiftre des Ceremonies ; ils commencerent leurs reuerences dés le bas du Trône, au haut duquel eftans montez & agenoüillez fur le degré de l'eftrade où eftoient leurs Majeftez ; Monfieur de Lenglet qui eftoit Recteur, fit ce difcours, apres que le Roy l'eut fait leuer, fuiuant en cela la pratique de fes Predeceffeurs tres-Chreftiens, qui ont bien voulu donner ce témoignage de leur eftime, pour la Religion & les Lettres que ce Corps profeffe fi dignement.

SIRE,

Il eft difficile de juger fi c'eft icy le triomphe de vos Majeftez, ou celuy de vos Sujets. Car s'il vous eft glorieux de voir à vos pieds tout vn puiffant peuple témoigner par fes acclamations les fentimens d'affection qu'il a pour fes Souuerains, c'eft vn bon-heur fans exemple, & vn honneur bien fignalé pour ce mefme peuple, de voir fur fa tefte deux Auguftes perfonnes fi dignes de fes venerations, & de fes refpects. Difons que c'eft l'vn & l'autre tout enfemble, & qu'aujourd'huy la bonté, la vertu, & la Majefté du Prince triomphe dans les cœurs de fes Sujets, & que l'amour, la foûmiffion, & l'obeïffance des Sujets triomphe dans celuy du Prince. Vous jugez affez, MADAME ! que c'eft auffi dans celuy de voftre Majefté, puis qu'il n'eft plus qu'vn auec celuy de noftre glorieux Monarque, depuis que le nœud facré du Mariage a fait l'vnion de vos ames, & de vos peuples à mefme temps. C'eft la raifon qui nous empefche de partager nos compliments, & qui nous oblige de rendre à vos Majeftez les mefmes actions-de-graces, par ce que nous leurs deuons les mefmes chofes, les biens, la vie, le repos, la feureté, la paix, en vn mot la paix, apres la paix il ne fe peut plus rien dire ny fouhaitter finon que vos Majeftez en viennent goufter les fruits : venez, SIRE, à la bonne-heure, Venez, MADAME ! venez joüir de voftre gloire toute entiere dans la Capitale de vos Eftats, venez regner fur des cœurs où vous auez mis la joye, venez receuoir les juftes hommages de vos Sujets dont nous faifons vne partie, non pas à la verité la plus heureufe, & la plus puiffante comme autrefois, mais toûjours la plus zélée, la plus conftante, & la plus fidele, pour le feruice de fes Roys.

Ce

Ce difcours finy, le Chancelier de France paffa le long de la chaife du Roy, & ayant fait vne profonde genuflexion deuant fa Majefté prit fes ordres pour y répondre : ce qui s'obferua aux autres harangues, mais feulement pour la forme, car le Roy voulut luy mefme faire réponfe à tous les Corps, & les affeurer par fa propre bouche de l'honneur de fa protection Royale de-quoy certes il s'acquitta auec tant de grace & de Majefté, qu'on peut dire qu'il eût priué cette Ceremonie du plus bel endroit qu'elle fournit à l'Hiftoire, s'il s'en fuft remis à vn autre.

LA VILLE.

A la queüe de l'Vniuerfité, le Corps de Ville marcha dans l'ordre, & en l'équipage fuiuant.

Trois hommes à cheual de front auec des Cafaques bleües, qui font les Clercs des trois com-pagnies d'Archers.

Trois cheuaux de main à la queüe l'vn de l'autre, couuers de houffes couleur de feu, enri-chies de paffements & de franges d'argent, dont les crins eftoient attachez auec force rubans de mefme couleur, conduits chacun par deux palfreniers veftus de cafaques grifes galonnées d'argent, qui les retenoient auec de longues Efcharpes de taffetas blanc.

Quatre Trompettes aux mefmes liurées, mais plus enrichies de galons.

Le Sieur Drouart Colonnel des Archers de la Ville, monté fur vn cheual blanc d'Italie, en-harnaché comme les autres qu'il faifoit mener en main deuant luy, veftu d'vn habit de brocar d'or, chamarré de paffement, botté, & la canne à la main, ayant autour de luy fix laquais à fes liurées.

Les Capitaines des trois compagnies defdits Archers, fur vne mefme ligne, fuiuy des trois Cornettes.

Les trois cens Archers de la Ville, quatre à quatre, ayans tous des piftollets à l'arçon de la fcelle, la carabine haute, des plumes blanches, leurs crauattes renoüées auec vn ruban cou-leur de feu, & la cafaque bleüe d'vne mefme parure, auec des galons & bouttons d'argent, & les armes de la Ville en broderie deuant & derriere.

Cette trouppe eftoit fermée par les trois Guidons, & diuifée dans fon milieu par les Lieute-nans, qui auoient deuant eux deux Trompettes auffi des liurées du Colonnel.

Douze pages du Duc de Bournonville Gouuerneur, veftus proprement de fes couleurs, ayant à leur tefte vn de fes Efcuyers.

Son cheual de parade conduit par deux de fes palfreniers.

Cinquante Gardes bien montez, ayans leurs bandoüilleres de velours jaune, & par deffus des cafaques de drap de mefme couleur, doublées de vert, enrichies de galons veloutez rouge blanc & vert, qui font les couleurs ordinaires dudit Gouuerneur.

Ces Gardes auoient à leur tefte deux Officiers, precedez de deux Trompettes aux mefmes liurées.

Le Maiftre-d'Hoftel de la Ville, l'Imprimeur, & le Capitaine de l'Artillerie.

Les Maiftres des œuures de Maçonnerie & de Charpenterie, en habits noirs, & houffes trai-nantes de drap auffi noir.

Les dix Huiffiers de la Ville deux à deux, auec leurs Robbes de drap my-parties, & la Nef d'argent doré fur l'épaulle.

Le Sieur le Maire Greffier de la Ville, auec fa Robbe my-partie à manches pendantes, de ve-lours rouge & tanné, doublée de velours noir.

Monfieur le Gouuerneur veftu d'vn habit de drap d'or en broderie, fur vn fuperbe cheual richement enharnaché d'vn brocar d'or, entouré de vingt-quatre eftaffiers à fes couleurs.

Monfieur de Seue Preuoft des Marchans, alloit à fa gauche, en Robbe de Palais, my-partie de velours rouge & tanné, ayant par deffous vne Soutanne de fatin rouge cramoifi auec bou-tons, ceinture, & cordon d'or; la houffe de fon cheual eftoit de velours noir, comme celle des autres Officiers du Bureau, mais auec cette difference qui luy eft finguliere, qu'elle eftoit enrichie d'vne grande broderie, de franges & houppes d'or & d'argent, les raifnes, la teftiere, & le refte du harnois d'vn tiffu de foye noire or & argent, le mors & les eftriez dorez. Il auoit autour deluy seize laquais de ses liurées, augmentées pour cette Ceremonie de six bandes de velours vert gay, bordées & cousuës sur le drap verd brun, auec des galons aurore & blanc.

Les Sieurs le Vieux & Bodequin premier & second Escheuins en Robbes aussi de velours my-parties, mais à longues manches pendantes, le Chapeau auec vn cordon d'or sur la teste.

Les Sieurs Preuost & du Iour aussi Escheuins en mesme équipage, à la reserue que la Robbe de ce dernier estoit taillée comme celles des Officiers de Iudicature, à cause de la qualité de Conseiller au Chastelet.

Les Sieurs Pietre Procureur du Roy, & Boucot Receueur de ladite Ville, le premier en Robbe de Palais, de velours rouge, l'autre en manteau à manches de velours tanné, & tous deux aussi à cheual auec housses de velours, & cordons d'or.

Le Secretaire du Preuost des Marchands en housse, & auec son habit ordinaire, marchoit proche de luy, mais comme hors de rang; & portoit les Clefs de la Ville sur vne tauoiolle de moëre bleüe à fond d'argent.

Les Conseillers de Ville en Robbes ou Manteaux à manches de satin, deux à deux au nombre de seize, les dix restans estans engagez à d'autres fonctions.

Les seize Quarteniers auec leurs manteaux à manche de velours cizelé.

Les six Maistres & Gardes de la Drapperie auec leurs Robbes de velours noir & toques sur leurs testes, ornées de cordons d'or.

Les six Maistres & Gardes de l'Espicerie auec leurs Robbes de velours tanné.

Les six Maistres & Gardes de la Mercerie, en Robbes de velours violet.

Les six Maistres & Gardes de la Pelleterie en Robbes de velours bleu, fourrées de loups-ceruiers.

Les six Maistres & gardes de la Bonneterie en leurs Robbes de velours tanné.

Les six Maistres & Gardes de l'Orféurerie, en leurs Robbes de velours rouge cramoisy.

Les Quatre Gardes de la marchandise de Vin, en Robbes de velours bleu, toques aussi de velours & cordons d'argent; rang qu'ils obtinrent de la Ville par prouision; le procés qu'ils ont au Parlement, contre les six Corps anciens, qui ne les veulent reconnoistre, n'estant pas encore vuidé.

Tous ces Maistres & Gardes marchoient à cheual deux à deux, & auoient à leurs testes leurs Clercs en mesme équipage, mais en Robbes & housses de drap.

Les Cinquanteniers, Dixeniers & notables Bourgeois, mandez de chacun des seize quartiers au nombre de dix, tous en habits ordinaires noirs, bas de soye, & housses de drap, marchant en deux files, & faisant quatre-vingt cinq rangs.

Les Marchands Maistres Tailleurs d'habits, au nombre de six vingt & plus, vestus de pourpoins de brocard d'argent, & hautes-chausses gris couuers de clinquans, force plumes & rubans d'vne mesme parure, incarnat, blanc & bleu; l'épée au costé, le bas de soye gris de perle, les housses de leurs cheuaux de satin ondé, fermoient cette marche. Ils alloient deux à deux, & tous portoient de petites cannes renoüées de force galans, qui ne les empescherent pas de mettre l'épée à la main, lors qu'ils passerent deuant le Trône, pour salüer leurs Majestez. Cette compagnie auoit esté formée par les soins du Sieur de Rians Procureur du Roy au Chastelet, qui leur donna pour Chef vn de leurs anciens Bacheliers, lequel marcha à la teste, precedé de trois Trompettes vestus de casaques de taby bleu galonnées d'or & d'argent, le Guidon en auoit deux deuant luy, il estoit d'vn taffetas blanc semé de Fleurs-de-Lys d'or, & enrichy dans son milieu de chaque costé, des testes du Roy & de la Reyne, auec ces inscriptions. *Amor nobis pacem intulit, & Bellum nobis attulit pacem.* Qui ne veulent dire autre chose sinon, que l'amour & la guerre nous ont donné la Paix.

La Ville marchoit en cét ordre, lors qu'elle arriua au Trône, sur lequel les Officiers du Bureau seulement monterent, auec la mesme ceremonië que les autres Corps, ce qu'il y eut de particulier en celuy-cy, est que le Preuost des Marchands demeura le genoüil en terre, pendant son discours qui fut;

S I R E,

Il eſt bien juſte que voſtre bonne Ville honore voſtre retour par des marques particulieres de ſes reſpects, puis que voſtre retour luy ameine le plus bel ornement dont elle pouuoit eſtre honorée : Elle ne receuoit les autres années Voſtre Majeſté qu'auec ſes reſpects ordinaires, quelque gloire qui l'enuironaſt, par ce que vos Conqueſtes toutes conſiderables qu'elles eſtoient luy paroiſſant toujours au deſſous de voſtre merite, elle ne croyoit pas luy deuoir preparer des honneurs extraordinaires, mais il n'en va pas de la ſorté aujourd'huy qu'elle voit Voſtre Majeſté reuenir triomphante auec vne Conqueſte digne d'elle.

Auſſi S I R E ne diſſimulerons nous point que vos Triomphes nous ſont beaucoup moins agreables dans la guerre, que dans la paix; & ſi on le peut dire ſans déplaire à voſtre courage, ils vous ſont encore moins aduantageux : Ouy, S I R E, car dans la guerre tout ſuccomboit à la verité ſous le puiſſant effort de vos armes, mais tout y reſiſtoit; au lieu que dans la paix, l'amour meſme qui ne peut eſtre forcé vous obeit, & ceux qui s'oppoſoient dauantage à la grandeur de Voſtre Majeſté viennent à elle, & luy preſentent ce qu'ils ont de plus grand & de meilleur.

C'eſt de Voſtre Majeſté M A D A M E que nous parlons, mais c'eſt à voſtre Majeſté auſſi que nous parlons, quoy que nos paroles ſoient adreſſées au Roy, car nous n'auons point pour vos Majeſtez de deuoirs ny de paroles ſeparées. Noſtre Ville meſme dans l'obligation qu'elle a de vous preſenter ſes hommages & ſes ſoûmiſſions, n'apporte à vos pieds que les meſmes hommages qu'elle rend à ſon Roy, & les meſmes ſoûmiſſions qu'elle luy doit. Receuez-les M A D A M E s'il vous plaiſt comme des gages inuiolables de noſtre obeïſſance; mais agréés-les S I R E & ſouffrez que vos Majeſtez n'ayans qu'vn meſme cœur entre elles, Paris n'aye auſſi qu'vn meſme cœur pour elles : Souffrez, diſ-je, que Paris meſle ſes Clefs auec ſon cœur, afin que nos vœux & nos fortunes ſoient également en vos mains, & que releuans entierement de vos Majeſtez ce que nous ſommes, & ce que nous poſſedons, elles demeurent perſuadées que nous ne ſçaurions eſtre auec plus de paſſion ny auec moins de reſerue, vos tres-humbles, tres-obeïſſans, & tres-fidels ſeruiteurs & ſujets.

Le Roy ayant répondu fort obligeamment au diſcours du Preuoſt des Marchands, & receu de ſa main deux peſantes Clefs d'argent cizelé, qui repreſentoient celles de la Ville, il les donna à ſon Capitaine-des-Gardes. Cependant ces Officiers qui eſtoient montez au Trône, en deſcendirent tous à la reſerue du Gouuerneur, qui y demeura pour faire aupres de la Reyne la fonction de ſa charge de Cheualier d'honneur; & furent attendre leurs Majeſtez à la porte de la Ville pour leur preſenter les Daix qu'ils auoient pris ſoing de faire faire.

Le reſte de la trouppe continua ſa marche juſques au Louvre, ainſi qu'elle en auoit eu ordre; à l'exception neanmoins de deux Huiſſiers qui demeurerent aupres du Bureau, & des Maiſtres & Gardes des ſix Corps des Marchands, dont quatre du premier s'arreſterent auec les Eſcheuins, pour leur aider à porter les Daix, & les autres ſe diſtribuerent, huict à huict aux ſtations qui leurs auoient eſté preſcrites par le meſme ordre de la Ville, qu'elle leur auoit enuoyé pour ſe trouuer à cette Ceremonie, & qui furent tels;

Deux Maiſtres & Gardes de la Drapperie, auec les ſix de l'Eſpicerie, dans la ruë ſaint Anthoine, vis à vis l'Hoſtel de Sully.

Les ſix de la Mercerie, auec deux de la Pelleterie, à la porte Baudoié.

Les quatre reſtans de la Pelleterie, auec pareil nombre de la Bonneterie, à l'extremité du Pont Noſtre-Dame, du coſté de ſaint Denys de la Chartre.

Enfin les deux de ce Corps, auec les ſix de l'Orféurerie dans la place Daufine, qui porterent ces Daix juſques à la porte du Louvre, où les Vallets de pied qui pretendent leur appartenir, les endéchargerent.

CHASTELLET.

LE Chastellet suiuoit immediatement la Ville, & auoit à sa teste le Sieur Testu Cheualier du Guet, suiuy de six laquais à ses liurées.

Quatre Officiers auec le baston d'Exempt à la main, marchoient apres luy à cheual; Et en suitte,

Cent Archers du Guet, à pied, quatre à quatre, ayans leurs hoquetons bleus semez d'estoïles d'argent, & la pertuisanne sur l'épaule.

Quatre Trompettes.

Trois Caualiers l'vn apres l'autre, dont le premier portoit au bout d'vn baston vn Casque ou Heaume.

Le second des Gantelets.

Et le troisiéme vne Enseigne.

Les quatre Maistres de la communauté des Sergents à Verge, en habit & manteau noir, auec l'épée au costé, & vn baston d'azur semé de Fleurs-de-Lys d'or à la main, suiuy de cent trente-six de leurs Compagnons.

Quatre-vingt Notaires en bonnets carrez & robbes de drap auec paremens de velours, sur des cheuaux houssez de drap noir, deux à deux.

Trente-deux Commissaires du Chastellet en mesmes habits.

Les Gardes du Preuost de Paris nommez les Sergens à la douzaine, au nombre de dix à cheual, ayans leurs hoquetons de drap blanc & tanné, auec les chiffres dudit Preuost, & la masse d'Hercule animée de ses paroles, *Erit hæc quoque cognita monstris*, en broderie d'or & d'argent.

Six Huissiers Audienciers deux à deux, en robbes & bonnets de drap, la baguette à la main, montez sur cheuaux houssez de drap noir.

Le Greffier en chef vestu & monté comme les Conseillers.

Les Lieutenants, Ciuil, Criminel, & Particulier, en Robbes rouges & bonnets carrez, montez sur leurs mules, houssées de velours, sçauoir le Sieur Daubray Lieutenant Ciuil, & le Sieur Ferrand Lieutenant Particulier en personne, & au lieu du Sieur Tardieu Lieutenant Criminel qui estoit malade, le Sieur Marcés Conseiller.

Les Conseillers du Chastellet au nombre de vingt, en Robbes de camelot noir doublées de velours & bonnets carrez, montez sur cheuaux houssez de velours.

Les deux Aduocats & le Procureur du Roy en Robbes rouges sur leurs mules houssées comme les autres, sçauoir le Sieur Brigallier premier Aduocat du Roy, & le Sieur de Rians Procureur du Roy en personne, & au lieu du second Aduocat du Roy, dont la charge estoit vacante, le Sieur Bonneau Conseiller.

Les quatre Substituts auec les Aduocats, marchans aussi à cheual, suiuant l'ordre de leur reception, en Robbes noires & bonnets carrez.

Quatre-vingts-douze Procureurs en Robbes de drap noir, doublées de tabis & bonnets carrez, montez sur cheuaux aussi houssez de drap.

Vn Caualier tenant en main vn baston d'azur semé de Fleurs-de-Lys d'or, vestu d'vne Robbe à manches de taby blanc, auec vne toque de mesme estoffe, marchoit seul à la teste des Sergents à cheual, comme Clerc de leur communauté; ils estoient cent cinquante bien montez, & vestus à la Caualiere, leur Guidon les precedoit & suiuoit les quatre Maistres de communauté.

De toute cette nombreuse trouppe, il ne monta au Trône que les trois Lieutenants, quatre Conseillers, & le Parquet, qui parlerent ainsi, par la bouche du Sieur Daubray Lieutenant Ciuil.

SIRE,

Sire,

Le retour glorieux de Voftre Majefté en la Ville Capitale de fes Eftats, fur le Trône Augufte de fes Anceftres, fait voir à vos Sujets la plus agreable journée qui ait éclairé la Monarchie depuis fon origine. C'eft l'ouurage du grand Genie de la France, qui apres auoir porté fa reputation au plus haut point que les Roys vos Predeceffeurs ont pû fouhaiter, éleue à la gloire de Voftre Majefté les trophées qui font deus aux plus illuftres actions. Toutes les parties de l'Europe y contribuent auec autant d'aplaudiffement que vos propres Sujets & rendent à Voftre Majefté leurs hommages, pour auoir affermy par la juftice de fes armes leur liberté, qui fembloit opprimée, & auoir donné la paix à toute la Chreftienté en l'accordant à fes Eftats. Cette action fans exemple eftoit referuée depuis plufieurs fiecles à la felicité du regne de Voftre Majefté, pour faire éclater dauatage la fageffe de fes Confeils, qui eft le principal ornement des Roys. C'eft la récompence que Voftre Majefté reçoit en terre des vertus de fes glorieux Anceftres, qui regnent à prefent dans le Ciel, & ce fera dans les fiecles auenir l'admiration de la pofterité, qui ne pourra voir fans eftonnement la grandeur des fuccés qui s'offroient aux armes victorieufes de Voftre Majefté, & la moderation d'efprit qui luy a fait preferer le repos de la paix aux conqueftes affeurées de tant de Prouinces. Tous vos Sujets la regardent comme vn témoignage qu'elle leur a voulu donner de fon amour paternel, qui luy acquiert veritablement le nom de Pere, & le rend également Roy de leurs cœurs, comme de leurs perfonnes. Mais entre ces prodiges ils font principalement charmez des faintes religieufes, & incomparables vertus de cette grande Princeffe, que Voftre Majefté a affociée à fon Trône; ils admirent cette douceur Majeftueufe qui tempere fa grauité Royale, & reconnoiffant en fa perfonne les caracteres de la bonté de Voftre Majefté, ils efperent qu'elle fera l'organe de toutes les graces que Voftre Majefté doit répandre fur fes peuples, fi bien qu'vne partie fouhaiteroit de finir fes jours en cette felicité, fi la plus grande n'auoit refolu de conter déformais le jour de fa naiffance, par celuy du Mariage de vos Majeftez, duquel ils attendent toutes les benedictions du Ciel, par le concours de vos folicitudes, animées d'vne heureufe, prudente & magnanime conduitte, fortifiée par les infpirations Diuines, fuiuie d'vne felicité parfaite de vos tres-humbles & tres-obeïffans Sujets.

COVR DES MONOYES.

L E Chaftelet eftant paffé, la Cour des Monoyes commença fa marche par douze Huiffiers qui alloient deux à deux, la baguette haute, ils eftoient fur des cheuaux houffez de drap noir, & auoient des bonnets carrez, & des robbes longues à manches larges & froncées.

Le premier Huiffier fans baguette, & auec vne robbe de tafetas fuiuant la permiffion qu'il en auoit obtenu, pour le diftinguer des autres, fuiuoit feul; & en fuitte,

Le Greffier en chef qui portoit vne Robbe de fatin comme les Confeillers, & auoit vn bonnet carré, & vne houffe de velours fur fon cheual.

Six Prefidents deux à deux en Robbes de velours, ayans par deffus vn chapperon de camelot de foye, fuiuis chacun de quatre laquais.

Vingt-neuf Confeillers, les Doyens des Semeftres, & les deux Controlleurs Generaux à la tefte, ils auoient tous des houffes de velours frangées de foye noire, des bonnets carrez fur leurs teftes, & des robbes longues de fatin, quoy qu'il y en ait quelques-vns qui ne foient pas Graduez, & qui à ce fujet ne portent pour l'ordinaire que des manteaux à manches, chacun auoit aupres de luy fes deux laquais, & fur fon épaule vn chapperon de drap d'Holande noir, fuiuant qu'il leur auoit efté prefcrit par la lettre de cachet du Roy, pour les diftinguer des Officiers de la Chambre des Comptes.

Les Gens du Roy en mefme habit & équipage fur vne mefme ligne, le Procureur General au milieu.

D D D

Les Officiers des Monoyes, & nomément de celle de Paris, en manteaux à manches de taffetas, toques de velours, & housses de drap., suiuoient en cét ordre deux à deux.

Les Receueurs generaux des Boëtes.

Les Controlleurs generaux d'icelles, dont l'vn qui est Procureur de la Cour de Parlement, obtint d'aller auec sa soutanne & sa longue robbe.

Le Receueur general des Amendes & Confiscations de la Cour; & l'Essayeur general des Monoyes.

Les trois autres Officiers generaux qui sont le Tailleur, le Controlleur des poinçons & Effigies, & le conducteur des engins & machines qui deuoient marcher en ce lieu, n'y estans pas, en furent apparemment dispensez par maladie, aussi bien que les deux Presidents, & quelques Conseillers qui manquoient, cette seule excuse estant receuë dans l'Arrest de ladite Cour, qui enjoignoit à tous ses Officiers de s'y trouuer, à peine de l'amende.

Les deux Iuges-Gardes de la Monoye de Paris, vestus comme les autres, & seulement distinguez à cause de leur qualité de Iuges, par les parements de leurs manteaux qui estoient de satin, au lieu que la doublure des autres estoit de mesme estoffe.

Le Contre-garde, & le Maistre ou Fermier de ladite Monoye, le premier à la droite, suiuant l'Arrest qu'il en auoit fait donner.

L'Essayeur & le Tailleur particulier d'icelle.

Les Preuost & Lieutenant des Ouuriers.

Le Sindic, & le Greffier desdits Ouuriers.

Les Changeurs.

Les deux Sergens auec toques, & en robbes de drap & baguette, fermoient la marche.

Les Presidents & les quatre Conseillers qui estoient à la teste, descendirent de Cheual, & monterent au Trône. Les Gens du Roy en eussent faut autant s'ils eussent pû l'aborder assez tost; où le Sieur Pajot Premier President tint ce discours.

Sire,

Nous venons rendre à Vostre Majesté les tres-humbles deuoirs où nostre naissance & nos Charges nous obligent, & à vous MADAME, faire les hommages que la condition de vostre Mariage & le rang que vous tenez maintenant en France exige de nous, & c'est auec vne extrême joye que nous satisfaisons à cette obligation, car outre que vous estes comme l'ayman qui a reüny la France à l'Espagne, que quelque Demon malin tenoit separées depuis vn long-temps, & sembloit rendre à jamais irreconciliables, l'ardente affection que le Roy a eu pour vostre personne, a esté le principal motif qui l'a porté à faire la Paix, qui est le comble de tous nos biens.

C'estoit autresfois vne coustume inuiolablement gardée en la Grece, que lors que les Peuples qui auoient long-temps fait la guerre ensemble, venoient à la finir par quelque traitté de Paix, il estoit suiuy d'vne grande ceremonie, & d'vn sacrifice solemnel qu'ils faisoient conjointement à l'amour : Et la raison que les Historiens en rendent, n'est pas moins belle que ce mystere. C'estoit disent-ils, afin qu'ils oubliassent les injures passées, & qu'ils fissent à l'aduenir de bonnes intelligences ensemble : Et comme c'est le propre de l'amour d'vnir & de lier parfaitement les personnes qui s'entrayment, ils changeassent leur hayne en amour, & accomplissent religieusement les conditions de leur traitté.

Aussi pouuons-nous dire à Vos Majestez que le brûlant desir que les Peuples de France & d'Espagne ont eu pour la Paix, la sincerité que les vns & les autres y ont apportée, en la faisant, & la joye publique qui a éclatté dans les deux Royaumes, à l'instant que cette Paix a esté faite, sont autant de preuues veritables que l'affection a presidé dans le conclaue où cette Paix a esté resoluë: & si les Predicateurs en ont fait des Panegyriques dans leurs Chaires, les Prestres en ont fait des sacrifices sur les Autels.

Mais MADAME, le Roy ne se contente point de cela, ce n'est point assez que l'affection des Peuples soit le fondement de la Paix & le sceau de son Alliance, son esprit monte plus haut, & son cœur va plus auant. Il a voulu luy mefme faire vn facrifice folemnel à l'amour qu'il vous porte, il a pris voftre perfonne pour l'objet & le fujet de fon amour, & s'il vous a mélée parmy la Paix, c'eft que fon affection deuant eftre inuiolable, il a voulu que la bonne intelligence de la France auec l'Efpagne, nepeût jamais eftre alterée.

Nous ne doutons point MADAME, que voftre affection ne foit égale, & s'il nous eftoit permis de vous demander comme autresfois les filles de Hierufalem demanderent à l'Efpoufe des Cantiques fi hautement celebrée par Salomon qui eftoit fon bien-Aymé & fon cher Efpoux, Vous ne nous répondiffiez la mefme chofe, mon bien-Aymé & mon cher Efpoux, eft le plus beau, & le plus aymable de tous, il eft blanc & rouge tout enfemble, le depeignant par ces deux belles couleurs, la blancheur qui eft la liurée de France, & la rougeur qui eft celle d'Efpagne.

Nous vous laiffons MADAME, dans cette haute penfée auffi conuenable à l'affection qui vous poffede, qu'elle eft digne de Voftre Majefté, & de la plus grande Princeffe de l'Europe tout enfemble, puis que l'Efprit faint en a entretenu, & remply le cœur de cette Efpoufe celefte, & nous finiffons, SIRE, en proteftant que nous fommes de Vos Majeftez, les tres-humbles, tres-obeïffans & tres-fidels Officiers, Sujets, & Seruiteurs.

COVR DES AYDES.

LA marche de la Cour des Aydes fut ouuerte par deux compagnies d'Archers ; la premiere eftoit des Gabelles au nombre de trente, armez de carabines, & commandées par leurs Capitaines & Lieutenants qui alloient en tefte, precedez de deux Trompettes ; Ils auoient des bandoullieres de velours bleu, femées de Fleurs-de-Lys & chiffres en broderie d'or, leurs plumes & leurs garnitures eftoient bleuës & incarnattes. L'autre compagnie qui eftoit des Aydes, n'eftoit ny fi lefte ny fi forte.

En fuitte marchoient à cheual quatorze Huiffiers deux à deux auec leurs robbes longues & ordinaires de ferge, le bonnet carré & la baguette.

Le premier Huiffier en mefme habit, mais fans baguette.

Le Greffier en chef veftu & monté comme les Confeillers.

Six Prefidents compris le premier, auec leurs bonnets carrez, robbes de velours noir, & chaperon de mefme eftoffe fourrées de petit vair, comme ceux qu'auoient fait faire les Prefidents de la Chambre des Comtes, à l'imitation defquels ils les prirent en cette occafion pour ne fouffrir l'eftabliffement d'vne diftinction d'habits qu'ils pretendoient n'auoir jamais efté.

Quarante Confeillers auffi à cheual & houffez de velours, deux à deux, dont les robbes eftoient de drap d'écarlatte doublées de velours noir, auec le chaperon à longue cornette de drap noir.

Le Procureur General au milieu des deux Aduocats Generaux en mefme habit & monture.

Les Payeurs & Controlleurs des gages, & le Receueur des exploicts & Amendes de ladite Cour.

Deux Huiffiers Audienciers de l'Ellection auec leurs toques & manteaux à manche de ferge, la baguette à la main.

Vingt Efleus deux à deux, compris leur Lieutenant & Affeffeur ayans à leur tefte le Sieur Fournier feul Prefident de cette compagnie, tous veftus de foutannes & robbes de Palais ; de gros de naples doublées de velours auffi en bonnets carrez montez fur des cheuaux houffez de velours.

Le Procureur du Roy feul en mefme équipage,

Et encore les deux Greffiers cofte à cofte.

Les Sergens & l'Huiffier Audiencier du Grenier à Sel, veftus de mantea uà manche de camelot auec toques & houffes de ferge.

Les deux Greffiers en chef dudit Grenier.

Les deux Prefidents.

Les deux Grenettiers.

Les deux Controlleurs.

Les deux Lieutenans.

Les deux Controlleurs Gardes des meſures.

Les deux Aduocats & les deux Procureurs du Roy, tous veſtus comme les Officiers de l'Eſle-ction, & ſuiuis des petis Officiers dudit Grenier auſſi à cheual, mais en leurs habits courts & ordinaires, qui marchoient auſſi deux à deux au nombre ſeulement de trente-ſix; ſçauoir,

Douze des trente Meſureurs.

Douze des ſoixante Porteurs.

Six des Courtiers.

Et autant des Briſeurs.

Tous les Officiers de la Cour des Aydes mirent pied à terre deuant le Trône, ſur lequel les Preſidents eſtans montez, precedez du premier Huiſſier & du Greffier, & ſuiuis de quelques Conſeillers, & du Parquet, Monſieur Amelot ſon premier Preſident dît.

Sire,

Novs ne pouuons aſſez remercier Voſtre Majeſté des deux preſens qu'elle a fait à ſon Royaume, la Reyne & la Paix. Nous voyons, SIRE ! auec vous ſur vn meſme Trône, la plus riche & la plus precieuſe de toutes vos Conqueſtes; & vos Peuples commencent à gouſter le plus doux & le plus grand de tous les biens.

Nous voyons maintenant en Vos Majeſtez la ſource bien-heureuſe du repos vniuerſel qui regne ſur toute la terre : les armes ne ſont plus que pour la pompe & la ceremonie; le bruit des Canons eſt innocent; le flambeau de la guerre eſt eſteint, au lieu de ces feux meurtriers & funeſtes qui embraſoient tout le monde, nous ne voyons par tout que des feux de joye.

Et cette grande intelligence dont la principale occupation durant les tempeſtes & les orages qui agitoient les deux Royaumes, eſtoit de ſe méler parmy les foudres qui partoient des mains de Voſtre Majeſté, pour en conduire le coup auec vne ſinguliere addreſſe ſur la teſte des ennemis de l'Eſtat : aujourd'huy que Voſtre Majeſté eſt deſarmée par noſtre incomparable Reyne, qui enchaiſnant voſtre cœur, a lié voſtre bras, & couronné toutes vos Conqueſtes, applique auec beaucoup plus de plaiſir tous les ſoins de ſon miniſtere à la conſeruation du calme glorieux qu'elle a procurée à toute l'Europe.

MADAME Voſtre Majeſté ne ſçait pas peut-eſtre qu'elle eſt la place où elle eſt aſſiſe : c'eſtoit celle de la Victoire durant la guerre; la Victoire eſtoit toûjours aux coſtez du Roy, elle marchoit & ſe repoſoit toûjours auec luy; mais quelque belle & quelque éclatante qu'elle fuſt, elle laiſſoit toûjours à ſa ſuitte la deſolation & la douleur. On la regardoit auec plus d'eſtonnement que de plaiſir, & la cauſe de nos triomphes n'eſtoit pas toûjours celle de noſtre ſatisfaction. Sa Majeſté ne pouuoit voir qu'auec regret ſes lauriers couuers du ſang de ſes ennemis, arrouſez de celuy de ſes Sujets, & baignez des larmes des deux Peuples. Mais depuis que Voſtre Majeſté a pris ſa place, la deſolation n'eſt plus dans les Prouinces, les plaiſirs ont ſuccedé à la douleur, & ſi nous ſommes toûjours dans l'eſtonnement, c'eſt vn eſtonnement agreable qui rauit l'eſprit ſans troubler le repos du cœur.

SIRE nous ne trouuons point de paroles pour expliquer nos ſentimens; on les peut lire ſur nos viſages : ces cris, ces acclamations, la joye de voſtre Cour ſi triomfante, l'allegreſſe de tout le reſte de vos Sujets, ces chants de triomphe qui retentiſſent de tous coſtez parleront pour nous. Nous pouuons ſeulement aſſeurer vos Majeſtez que nous n'auons jamais veu vne journée plus heureuſe que celle-cy, ny vn ſpectacle plus triomfant, que de contempler Vos Majeſtez dans toute la pompe & dans toute la magnificence de leur

gloire.

gloire. Nous les fuplions tres-humblement de confiderer que dans peu de jours il ne reſtera rien de cette pompe ſi belle & ſi éclatante, mais l'amour des Peuples durera toûjours ; ce Trône meſme où nous rendons nos hommages finira auec la ceremonie ; mais il y a vn autre Trône qui n'eſt pas fait de la main des hommes, mais de Dieu ſeul, ſur lequel Vos Majeſtez ſe repoſeront, le cœur de vos Sujets.

CHAMBRE DES CONTES.

LA Cour des Aides n'eut pas plûtoſt paſſé que les Huiſſiers de la Cambre des Contes parurent. Ils eſtoient veſtus d'vne robbe courte ou manteau à manches pendantes de ferge noire, ils auoient ſur leurs teſtes des toques de camelot, à leurs mains des baguettes, & marchoient deux à deux en dix rangs ſur des cheuaux houſſez de drap.

Le premier Huiſſier ſans baguette auec toque de velours & manteau de pouttefoye ſuiuoit & tous les autres en ſuitte deux à deux.

Les deux Greffiers veſtus de damars.

Le premier Preſident & ſept autres en robbes de velours noir & bonnets carrez, leurs chapperons eſtoient fourrez d'hermine, & les houſſes de leurs cheuaux de velours noir, entourez de leurs laquais en grand nombre & belles liurées.

Soixante Maiſtres veſtus de ſatin, la plus grande partie & preſque tous auec des bonnets carrez, qui eſtoit autres-fois ſeulement l'habit des graduez ; les autres qui ne l'eſtoient pas, portans des manteaux longs à manches pendantes & des toques de velours.

Vingt Correcteurs en pareilles coiffures & robbes, mais de damars.

Soixante Auditeurs auſſi en robbes de pouttefoye.

Les Procureur & Aduocat Generaux en ſouſtannes & robbes de ſatin, ayant chacun ſix laquais autour de ſon cheual proprement enharnaché & houſſé de velours.

Quatre Huiſſiers en meſme équipage que leurs confreres, que nous auons dit marcher à la teſte de cette compagnie Souueraine, dont la ſuitte pouuoit eſtre accreüe de quantité d'Officiers de Finance qui répondent à la Chambre, & ſur leſquels par conſequent elle a juriſdiction ; Elle auoit fait d'abord quelque difficulté de marcher, ſur ce qu'elle ſceut que le Lieutenant Criminel de robbe courte deuoit aller à la teſte du Parlement, pretendant auec raiſon qu'il n'y pouuoit auoir aucun Corps eſtranger entre ces deux Compagnies ; mais le Sieur de Saintot luy ayant rapporté la réponce du Premier Preſident du Parlement, qui eſtoit que ledit Lieutenant Criminel eſtant Officier dépendant de ſa Compagnie, il ne pouuoit eſtre conſideré comme eſtranger, elle partit du Palais en l'ordre que nous venons de déduire.

Eſtant arriuée au Trône, Monſieur Nicolaï ſon premier Preſident y monta, accompagné des ſept autres Preſidents & de quelques Maiſtres, & ſuiuy des deux Greffiers & du premier Huiſſier. Apres auoir porté les reſpects & les ſoumiſſions de ſa Compagnie, auec les ceremonies déja dites, il la rejoignit.

PARLEMENT.

ENfin le Parlement ferma la marche de tous les Corps qui vinrent rendre hommage à leurs Majeſtez, & parut à la queüe des compagnies Souueraines, qui eſtoient parties du Palais ſur la ſemonce que leur en fit le Maiſtre des Ceremonies, Elles auoient ſuiuy les ruës de l'Entrée juſques à la porte de la Ville, & de là pris le détour ſur le foſſé du coſté de main gauche, pour gaigner par le chemin de Charonne, le derriere du Trône. Ce qui fut ainſi ordonné pour ne pas faire de confuſion ; au retour le long de la grande ruë du Faux-bourg ; & pour cette raiſon l'on auoit eu d'abord penſée de faire prendre vne autre routte auſſi dans la Ville, & meſme les ordres du Roy en auoient eſté enuoyez aux Compagnies, leſquels furent changez ſur l'inſtance qu'en fit le Parlement, ayant fait connoiſtre par la bouche de ſon Premier Preſident à ſa Majeſté, que la raiſon qui l'obligeoit à demander le changement de ce premier ordre, eſtoit pour rendre les témoignages de ſon reſpect plus éclatans, & la ceremonie de l'Entrée plus auguſte, & que comme il portoit les vœux de tous les Peuples, il ſembloit bien à propos qu'il paſſât par les ruës où tous les Peuples eſtoient aſſemblez, pour en quelque façon prendre d'eux-meſmes en marchant ces meſmes vœux qu'il alloit luy preſenter ſur ſon Trône.

Le Sieur de Francines Gran-maiſons Lieutenant Cirminel de Robbe courte, qui dans cette Ceremonie faiſoit auſſi la charge de Mareſchal de bataille, marchoit à la teſte de cette Auguſte compagnie, tres-proprement & richement veſtu, les bras paſſez dans ſon juſte-à-corps, les piſtolets à l'arçon de la ſelle, l'eſpée au coſté & la canne à la main; Il auoit autour de luy ſix laquais à ſes liurées; quatre Trompettes à manches de brocar d'or attachées à leurs buffles, alloient de front immediatement deuant luy, deux de ſes Lieutenants le ſuiuoient, & enſuite quatre Exemps à la teſte de quatre-vingt Archers, qui marchoient à cheual ſur quatre lignes, la carabine haute. Ils auoient des caſaques de drap bleu doublées de ſerge rouge, leſquelles eſtoient enrichies de galons d'or & d'argent, & encore d'vne broderie de meſme eſtoffe qui formoit ſur le deuant & ſur le derriere les armes de France couronnées, & en plus petit volume ſur les coins des baſques les chiffres de leur Capitaine.

Cette troupe eſtoit coupée dans le milieu par quatre Exemps, & fermée par deux autres Lieutenants, diſtinguez des Archers en ce qu'ils n'auoient point de caſaques, & ne portoient d'autres armes que leurs piſtolets.

Vingt-quatre Huiſſiers de la Cour ſeruans à la grande Chambre en Robbes de ſerge noire & bonnets carrez, marchoient apres deux à deux à cheual & houſſes de drap. Et enſuite auſſi deux à deux autant que le nombre pair des Officiers d'vn meſme rang le permettoit.

Les quatre Notaires & Secretaires de la Cour, & Greffier Criminel, en robbes & chapperons d'écarlatte, le bonnet carré en teſte.

Le Greffier en chef veſtu de ſon Epitoge & Manteau d'écarlatte fourré d'hermine ſeul.

Le premier Huiſſier auec ſon bonnet carré de drap d'or fourré & rebordé d'hermine, & ſa robbe rouge.

Monſieur de la Moignon premier Preſident, & à ſa gauche Monſieur le Preſident de Neſmond.

Meſſieurs les Preſidents de Nouion & de Bailleul.

Monſieur de Meſgrini Conſeiller d'honneur en Robbe rouge & bonnet carré, comme le reſte de la compagnie, marchoit à la gauche de Monſieur Molé, qui faiſoit le cinquiéme des Preſidents, leſquels eſtoient veſtus de leurs grands Manteaux de drap d'écarlatte fourrez d'hermine, & retrouſſez ſur l'épaulle, & auoient en teſte leurs Mortiers de velours noir, bordez d'vn large galon d'or, celuy du Premier Preſident, à la difference des autres en auoit deux.

Le reſte de la Compagnie en Robbes rouges, chapperons fourrez, & au nombre de cent quarante ſuiuoient, trois Maiſtres des Requeſtes tenans les premieres places, & tous les Conſeillers tant des Enqueſtes que des Requeſtes du Palais alloient indifferemment ſelon l'ordre de leurs receptions.

Les deux Aduocats Generaux auſſi en bonnets carrez, Robbes rouges, & houſſes de velours, ſuiuis de deux Huiſſiers ſeruans aux Enqueſtes, ſans baguettes, fermoient cette Cour de Parlement, dont chaque particulier s'eſtoit borné à deux laquais, pour éuiter la confuſion.

Et toute cette Marche eſtoit terminée par la Compagnie du Sieur de Bonneuan Preuoſt de l'Iſle; compoſée de ſoixante Archers bien montez, auec bouquets de plumes noires, Colletins de buffle, dont les manches eſtoient de toille d'argent à fond noir, & armez de Mouſquetons; Ils auoient à leur teſte quatre Exemps & deux Lieutenants, qui marchoient deux à deux. Le Preuoſt alloit ſeul, couuert d'vn habit en broderie, monté ſur vn cheual richement équipé, & precedé de deux Trompettes ; cette Marche entre luy & le Lieutenant Criminel de Robbe-courte, auoit eſté ainſi reglée par la Cour, ſans prejudice de leurs pretentions & de leurs droits.

La Compagnie du Sieur de Francine Grand-maiſons, ayant paſſé deuant le Trône s'arreſta le long du Faux-bourg, & le premier Huiſſier, le Greffier en chef, le premier Preſident, les quatre Preſidents au Mortier preſens, les trois reſtans s'en eſtans diſpenſez par incommodité, le Conſeiller d'honneur, les trois Maiſtres des Requeſtes, ſix Conſeillers de la grande Chambre, & deux Preſidents des Enqueſtes, mirent ſeuls pied à terre deuant la barriere, dans laquelle ayans eſté introduits, receus, & preſentez à l'Audience par le Secretaire d'Eſtat, le grand Maiſtre, & le Maiſtre des Ceremonies comme les autres compagnies ; Monſieur le premier Preſident fit vne profonde reuerence, le genoüil en terre, & le Roy en meſme temps luy ayant fait ſigne de ſe releuer, il ſe contenta de faire vn ſimple compliment, & d'expoſer en trois mots les reſpects & les ſoumiſſions de ſa Compagnie, ainſi il ne fut qu'vn moment ſur le Trône, d'où s'eſtant retiré auec ceux qui y eſtoient montez, & remonté à cheual, ils continuerent leur Marche en corps de Cour, juſques au Palais, le long des ruës par où ſe deuoit faire l'Entrée ; chaqu'vn des Conſeillers, paſſant deuant le Trône, le ſalüoient reſpectueuſement, ſans décendre, le Parquet mit pied à terre, & par la bouche du Sieur Talon premier Aduocat General, fut receuoir les ordres du Roy.

ENTRÉE
OV
CAVALCADE
DE LA COVR.

E Roy & la Reyne apres auoir receu les reſpects & les ſoûmiſſions de leurs Sujets ſur le Trône, paſſerent dans la maiſon voiſine que nous auons déja dit luy eſtre jointe du coſté droit, par vne Galerie pour y diſner. Cependant les équipages filerent, quoy qu'ils le fiſſent ſans retardement, il eſtoit bien deux heures quand l'Entrée commença.

Train de ſon Eminence.

La marche en fut ouuerte par le Train de Monſieur le Cardinal Mazarini ; à la teſte du-quel parurent deux de ſes Suiſſes à cheual, precedez de deux Trompettes veſtus de ſes cou-leurs, & ſuiuis de ſoixante & douze Mulets à la queüe les vns des autres, en trois bandes diuiſées châcune par deux Officiers à cheual, & encore plus diſtinguées par leurs harnois, & autres accouſtremens : Car au lieu que les vingt-quatre premiers n'auoient que des cou-uertures de drap rouge en broderie de ſoye, auec des plumes & des teſtieres ordinaires ; la ſe-conde trouppe pareille en nombre portoit des couuertures d'vne tres-fine haute-lice, à fond de ſoye, rehauſſées d'or ; & auoit ſes ſonnettes, ſes plaques, ſes teſtieres, & ſes muſelieres d'ar-gent maſſif, & de tiſſu d'or & de ſoye ; Et les derniers pour encherir par deſſus ceux qui les de-uançoient, outre leurs harnois qui n'eſtoient pas moins riches que les precedens, auoient de ſuperbes bouquets de plumes blanches & incarnates ſur leurs teſtes ſurmontées d'vne tres-riche aigrette ; & pour couuertures de grandes pieces de velours rouge cramoiſy, ſemées de chi-fres & de deuiſes ſur des cartouches ſoûtenuës & accolées par des cornes-d'abondance, deſ-quelles on voyoit ſortir quantité de fruicts & de fleurs ; le tout d'vne broderie ſi riche & ſi bien entenduë, qu'on peut dire qu'il ne s'en vit jamais de plus accomplie, ſoit pour l'ouurage, ſoit pour le deſſein. Vne trentaine de Muletiers en chauſſes & pourpoints, marchoient à coſté en égales diſtances.

Les Pages de ſon Eminence venoient en ſuite deux à deux, conduits par les Sieurs de Fonte-nelle & Moreau Eſcuyers. Leur nombre eſtoit de vingt-quatre ; leur monture, comme l'on peut juger, exquiſe ; & leurs habits propres, & de couleurs, ſçauoir le manteau & la culotte de drap rouge, le pourpoint de ſatin blanc, chamarrez de larges galons velouttez de ſoye noire incar-nate & blanche. Ces Pages eſtoient ſuiuis de deux autres Eſcuyers, à la ſuite deſquels mar-choient douze cheuaux d'Eſpagne, conduits en main par autant de Palfreniers à cheual ; Les couuertures de leurs ſelles eſtoient de velours rouge cramoiſy en broderie d'or & d'argent, leurs eſtriers & mors dorez.

A leur file on vit rouler onze Caroſſes de differentes étoffes & figures : ils eſtoient tous à ſix cheuaux aſſortis par leur poil, par leur taille, & par le lieu de leur naiſſance ; à la reſerue du ſeptiéme en forme de littiere ſuſpenduë ſur vn train ordinaire, qui en auoit huict gris pomme-lez ; le dernier, qui repreſentoit celuy du Corps, eſtoit enrichy par le dehors de quantité de pla-ques d'Orféurerie vermeil doré ; & entouré de quarante Eſtaffiers, en pourpoints blancs & chauſſes rouges, chamarrées par lez & demy-lez, auec des plumes de ces meſmes couleurs, qui alloient à ſes portieres ; De vingt-quatre Gentilshommes bien veſtus & montez qui le deuan-

F F F

çoient, & de la Compagnie des Gardes à cheual de sadite Eminence, qui le suiuoit en cét ordre: Le Sieur de Besemos Capitaine precedé de deux Trompettes, & accompagné de pareil nombre d'Offi. ciers alloit à la teste de cent de ses Gardes, qui marchoient, la carabine haute, quatre à quatre, auec leurs casaques d'écarlatte galonnées d'or, & semées autant plein que vuide de chifres en broderie; deux de leurs Officiers fermoient la marche de ce leste & superbe équipage; Qui fut suiuy par ceux des Maisons Royalles.

Maisons Royalles.

Celuy de Monsieur Frere vnique du Roy, conduit par les Sieurs de Gassion & des Bordes, Escuyers de son Altesse Royalle, consistoit en trente-six cheuaux, dont les douze premiers estoient montez par autant de ses Pages vestus de leurs culottes & capots de velours rouge cramoisy; & les douze autres menez en main par des palfreniers à cheual.

Deux Officiers de la Reyne alloient en suite, suiuis de vingt-quatre Mulets, aux armes my-parties de France & d'Espagne, brodées sur des couuertures de drap.

Les Mulets du Roy estoient diuisez en deux trouppes, de trente châcune. La premiere n'auoit que des couuertures de drap bleu semées de Fleurs-de-Lys, au lieu que celles de la seconde estoient de velours, enrichies d'vne broderie fort releuée, qui formoit en leur milieu les armes de France, & sur leurs coins les chifres de leurs Majestez dans des cartouches accompagnez de diuers fleurons; les harnois, les plaques, & les sonnettes estoient ou d'argent massif, ou de tissus d'or & de soye.

Châcune de ces trouppes estoit precedée par deux Officiers ou Capitaines à cheual, & conduite par leurs Muletiers vestus de pourpoints de satin, & de chausses de drap bleu, chamarrez de haut en bas d'vne bande de velours rouge, bordée de deux galons d'argent.

Escuries.

A la file de ces Mulets qui marchoient sur vne mesme ligne auec la grauité qui leur est naturelle, on vit paroistre les Escuries; & d'abord à la teste de la Petite, le Sieur de Giury qui la commande ordinairement sous Monsieur le Premier, suiuy d'vne douzaine de Pages en just-à-corps de drap bleu, galonnez d'argent; & de douze cheuaux, dont les propres harnois & les selles precieuses estoient couuertes de housses encore plus riches; conduits par autant de palfreniers aussi à cheual; vne autre trouppe de cheuaux de main, pareille à la precedente diuisée seulement par vn Officier, la joignoit; Et quoy qu'vne troisiéme suiuante parût plus grosse de moitié, elle se faisoit moins remarquer par son nombre, que par les graues démarches, & les adroits mouuemens de ses grands cheuaux, que dix-huict Pages montez déssus animoient tantost par des airs de courbettes, quelquesfois par des airs de cabrioles, selon qu'ils estoient eux mesmes animez par la veüe des regardans.

Le Sieur de la Noüe, Escuyer de la Grande Escurie marchoit deuant eux. Deux autres Escuyers ordinaires, sçauoir les Sieurs de Vantelet & Cham-flour les suiuoient, & alloient coste à coste immediatement deuant le Sieur Fouquet leur premier Escuyer, qui auoit autour de luy douze de ses valets de pied lestement vestus. Pour l'ajustement de sa personne, & de son cheual, je n'en dis icy rien; par ce que chacun ayant à l'enuy fait dépence pour paroistre en cette occasion, & n'ayant en son particulier épargné ny son industrie, ny sa bourse pour s'habiller, & pour équipper sa monture, on ne peut pas doûter qu'il ne fût des mieux; joint que les termes me manquent pour exprimer tant de richesses si diuersement employées; & que quand mesme nostre langue en fourniroit suffisamment, ce seroit sans doute vne chose ennuyeuse & assez inutile, que de s'engager à tous momens à ces descriptions. C'est ce qui m'a fait prendre la resolution de m'en dispenser absolument, apres auoir dit vne fois pour toutes, que de tous ceux qui eurent l'honneur d'estre nommez par le Roy pour assister à cette Caualcade, il n'y en eut pas vn qui n'y vinst auec l'équipage conuenable pour vne telle ceremonie; Apres cela que l'on se figure, si l'on peut, les Perles, les Diamans, les Esmeraudes, les Rubis, les Brocars, les Dentelles, les Broderies, les Plumes, & les Garnitures qui s'y virent.

Chancellerie.

Bien que l'admiration d'vn chacun semblast consommée par la veüe d'vn Spectacle si magnifique, elle fut contrainte neantmoins de fe renouueler à l'afpeƈt de la Chancellerie, qui marcha en fuite dans vn appareil furprenant. Et ileftoit bien raifonnable que puis qu'elle faifoit l'vne des plus confiderables parties de ce Triomphe, elle n'y parût pas des moins belles; Pour cela, il luy falloit vn chef auffi clair voyant, & auffi zelé que celuy qui la gouuerne depuis tant d'années, & qui la conduit aujourd'huy fi glorieufement.

L'ordre qu'il luy auoit prefcrit pour fa marche, & qu'elle fuiuit, fut tel:

Deux Conferuateurs des droits du Sceau, veftus de leurs manteaux à manches de fatin noir, & bonnets de velours à cheual, & houffes de velours.

Deux Greffiers des Chartres, veftus de mefme.

Deux des huiƈt Gardes-quittances de Finance, & Marc-d'or, en pareil habit & équipagé.

Les deux Treforiers du Sceau, habillez comme les precedens.

Les Secretaires du Roy, reprefentez par les Procureurs de leurs Colleges, au nombre de quatorze; fçauoir quatre de l'ancien, & deux de chacun des cinq autres, veftus de longues robbes à manches pendantes de fatin noir, doublées de mefme, & coëffez d'vn bonnet ou toque de velours, chargée d'vn cordon d'or; marchans deux à deux, fur des cheuaux proprement enharnachez de houffes de velours à franges d'or, de refnes & teftieres de tiffus d'or & de foye, & de mors & étriers dorez, fuiuis & deuancez d'vne trentaine de laquais, diuifez en deux bandes, qu'ils auoient fait équipper d'vne mefme liurée.

Dix Huiffiers du Confeil auffi à cheual, & deux à deux, auec des toques de velours, & des manteaux à manches de fatin noir, & par deffus leurs chaifnes d'or au col.

Soixante Maiftres des Requeftes de l'Hoftel, en foûtannes de fatin, robbes longues à grandes manches froncées par haut, de velours noir, ceintures & cordons d'or fur leurs chapeaux, leurs cheuaux eftoient équippez comme ceux des Secretaires du Roy; mais chacun auoit quatre laquais à fes liurées, qui tenoient les coins des houffes.

Deux Controlleurs des Offices de France, veftus de leurs manteaux de fatin.

Les quatre Controlleurs Generaux de la Chancellerie, à la queüe les vns des autres, tenans la droite; & les quatre Gardes des Roolles des Offices de France à la gauche, dans le mefme équippage que les Maiftres des Requeftes, auec cette difference que la taille de leurs robbes, & particulierement des manches n'eftoit pas fi ample.

Les quatre Grands Audienciers, auffi deux à deux, comme les precedens, & en femblable habit.

Les quatre Huffiers de la Chancellerie fur vne mefme ligne, en toques & manteaux à manches de velours violet pardeffus leurs habits de fatin, de mefme couleur, ayans leurs chaifnes d'or au col, & leurs maffes de vermeil doré à la main.

Deux Eftaffiers de Monfieur le Chancellier, en pourpoints & chauffes de velours violet, chamarrez de galons d'or, tefte nuë, conduifans la Haquenée par deux cordons de foye attachez au bas de fa bride.

Cette Haquenée d'vn beau poil blanc eftoit couuerte d'vne houffe traifnante, de velours bleu, femée de Fleurs-de-Lys d'or en broderie, enharnachée, & caparaçonnée de mefme; Elle portoit les Sceaux dans vn Coffret de vermeil doré, couuert d'vn voile d'or, & rattaché de deux couroyes tiffuës d'or & de foye violette, dont les bouts eftoient tenus par les quatre Chauffecires, qui marchoient des deux coftez à pied, & tefte nuë, en manteaux à manches de velours violet, qui leur décendoient jufqu'au gras des jambes.

Deux Gardes du Roy en la Preuofté de l'Hoftel auec leurs hoquetons d'Orféurerie, & leurs pertuifannes, à pied.

Meffire Pierre Seguier, Chancellier de France, veftu d'vne foûtanne & robbe de Confeil, de drap d'or, auec vn chapeau de velours noir, bordé d'vn large tiffu d'or, & chargé d'vn cordon de mefme étoffe, parût en ce lieu, monté fur vne Haquenée blanche, richement enharnachée, & fur tout d'vne houffe de velours violet en broderie. Il auoit autour de luy quatre Pages & fix Eftaffiers veftus d'vn pourpoint de fatin, & d'vn haut-de-chauffe de velours violet, chamarré de gros galons d'or; deux defquels portoient des Parafols de taby violet, garnis de paffemens d'or & d'argent, pour garentir leur Maiftre de l'ardeur du Soleil; Et ce fut pour fe parer de fa violence qu'il permit quelquesfois aux Chauffecires de se couurir.

Le Sieur Picot Lieutenant des Gardes du Roy en la Preuofté de l'Hoftel auroit fuiuy la perfonne dudit Seigneur Chancelier, aupres duquel il fert continüellement, s'il n'en auoit efté difpenfé par maladie. La mefme raifon empefcha le Sieur Ceberet fon Secretaire de s'y trouuer. Ainfi l'Efcuyer & le Maiftre d'Hoftel veftus auffi de velours violet y parurent feuls.

Moufquetaires.

Cette belle marche fut continüée par les Moufquetaires, qui filerent quatre à quatre fous deux Compagnies differentes.

La premiere, qui eft des petits Moufquetaires, eftoit conduite par le Sieur de Marfal Lieutenant, accompagné de deux Officiers qui alloient en tefte auec luy ; les autres eftoient à la ferfile ; Elle auoit fix Tambours à cheual ; quatre vers la tefte, & deux à la queüe. Les cafaques de ces deux cent Caualiers, qui portoient tous le moufquet, eftoient de drap bleu, doublées de rouge à l'ordinaire, auec vn galon d'argent fur les coûtures, & des croix blanches fleuronnées deuant & derriere.

L'autre Compagnie des Moufquetaires à cheual de la Garde du Roy, eftoit commandée par le Sieur d'Artagnan ; Elle marchoit auffi fur quatre lignes, & auoit fes Tambours & fes principaux Officiers auec leurs cafaques de velours, à la tefte & à la queüe ; mais ce qui luy eftoit particulier, c'eft que fes factionnaires eftoient beaucoup plus richement veftus, quoy que de mefme drap & de mefmes couleurs, tant à caufe du nombre & de la qualité des galons, que par les croix formées de lys, de chifres & de couronnes toutes en broderies d'or & d'argent ; & que tous leurs cheuaux eftoient blancs. Outre cette difference generale qui diftinguoit ces Moufquetaires des autres, ils en auoient encore vne particuliere, qui diuifoit cette mefme compagnie en quatre brigades. Les foixante & feize premiers auoient des bouquets de plumes blanches ; Les foixante & douze fuiuans portoient des plumes blanches, jaûnes, & noires ; Les plumes de la troifiéme trouppe, qui fe trouua de cinquante deux eftoient blanches, bleües, & noires ; Et enfin celles des foixante derniers eftoient blanches & vertes ; aufquelles la plus part auoient afforty leurs garnitures. Chaque Brigadier alloit à la tefte de fa trouppe, & le Guidon au milieu de tous.

Cheuaux Legers.

En fuite marchoient auffi quatre à quatre les Cheuaux-Legers de la Garde, au nombre de 160. auec leurs jufte-à-corps d'écarlatte, leurs bottes, leurs écharpes, & plumes blanches, ayans pour toutes armes des piftolets à l'arçon de la felle. Ils eftoient conduits par le Duc de Navaille, fuiuy de deux Officiers, & precedé de trois Trompettes, que fon Efcuyer, fes quatre Pages & nombre de laquais à fes couleurs deuançoient de quelques pas.

Les douze Pages de la Chambre qui fuiuoient, auoient leurs capots de velours incarnat, doublez d'vn riche brocar blanc & chamarrez à douze eftages de galons d'or & d'argent, leurs culottes, leurs pourpoints, & leurs garnitures eftoient afforties à ces étoffes, & à ces couleurs.

La place fuiuante auoit efté defignée pour les Maiftres d'Hoftel, les Gentils-hommes ordinaires & feruans, & autres femblables Officiers des Maifons Royalles, qui y parurent tres-leftes, & bien montez au nombre de quarante.

Preuofté de l'Hoftel.

Et apres eux la Preuofté de l'Hoftel, compofée de dix Huiffiers en cafaques bleües & à cheual, ayans à la main leurs baguettes azurées auec vne Fleur-de-Lys d'or au bout ; d'vn Greffier, d'vn Lieutenant General de robbe longue, & d'vn Procureur du Roy, veftus de robbes de Palais de fatin, auec le bonnet carré ; Du Marquis de Sourche, Grand Preuoft, precedé de fix Pages auffi à cheual, entouré de douze laquais, & fuiuy de foixante & dix Archers, reueftus de leurs hoquetons d'Orfévrie, armez de leurs pertuifannes, & marchans à pied cinq à cinq, fous la conduite de quelques Officiers fubalternes.

Gouuerneurs,

Gouuerneurs, Lieutenants de Roy, &c.

Entre ces Archers & les Cent-Suiſſes, dont nous parlerons incontinent, l'on vit dans vn aſſez bref eſpace de temps & de place, filer ce qu'il y a de meilleure mine, de plus leſte, & de plus galant à la Cour; & par conſequent dans l'Europe; auſſi ce poſte auoit-il eſté conſerué pour les Gouuerneurs & Lieutenans de Roy des Prouinces, & pour les grands & principaux Officiers du Roy & de la Reyne; parmy leſquels nombre de perſonnes qualifiées ſe placerent, dont je ne pretens point icy decider les rangs, n'ayant pas meſme obſerué celuy dans lequel ils marche-rent; encore moins exclurre ceux que je n'y ay pas remarquez, ou faute de les connoiſtre, ou manque d'application, qui pour l'ordinaire en ces ſortes de rencontres tombe plûtoſt ſur la marche, ou ſur l'équipage d'vn cheual; ſur l'habillement, ou ſur la ſuite dont vn Seigneur eſt accompagné, que ſur les traits de ſon viſage. Or il eſt certain que ſi jamais elle a eſté excuſable en ce chef, ç'a eſté dans cette occaſion, où il eſtoit bien difficile que tant de richeſſes & de ma-gnificences ſi ſpirituellement & ſi generalement diſperſées n'arreſtaſſent la veüe, & ne diuer-tiſſent l'eſprit. Ainſi donc tout ce que je puis particulariſer de cette magnifique trouppe, c'eſt qu'elle eſtoit compoſée de ſix vingts perſonnes, qui paſſoient deux à deux en ſouliers, montez ſur de ſuperbes cheuaux, houſſez & enharnachez auec la derniere propreté; & que de ce nombre eſtoient les Comtes du Lude, & de ſaint Aignan premiers Gentils-hommes de la Chambre; le Marquis de Soycourt Maiſtre de la Garderobbe; le Comte de Guiche Maiſtre de Camp du Regiment des Gardes; le Marquis de Veruins premier Maiſtre d'Hoſtel; le jeune Comte de Nogent Capitaine de la Porte; Caſtellan & Maupiou, Capitaines aux Gardes; le Cheualier de Gramont; les Comtes de Duras, d'Eſtrez, de la Füeillade, de Rochefort; les Marquis d'Ho-quincourt, d'Illiers, de Coaſlin, de Flamenville, de Richelieu, de Roſny, de Palaiſau, de Clerambaut, de la Roche-Dumaine, de Renty, Deffiat, du Marais, de Gontery, & de Congy.

Les Cent-Suiſſes de la Garde auoient leurs habits taillez & froncez, comme ils ont de coû-tume, mais plus riches qu'à l'ordinaire; car chacune des coupures de drap rouge eſtoit termi-née par vne bande de velours bleu, bordée d'vn galon d'argent; Ils auoient tous de groſſes fraiſes empeſées à leur col, des toques de velours ſur leurs teſtes, & la hallebarde ſur l'épaule, à la reſerue des Tambours & du Fiffre, qui portoient leurs inſtrumens de guerre. Leurs Officiers eſtoient auſſi à pied auec le bâton de Commandement à la main, que le Marquis de Varde comme Capitaine, deuançoit ſur vn cheual de prix, & vn équipage conſiderable.

Quoy que le Grand Maiſtre, & le Maiſtre des Ceremonies ſoient obligez de donner l'ordre par tout, & par conſequent diſpenſez de tenir vne place fixe; neantmoins comme celle-cy leur eſt particulierement attribuée, qu'ils y marchent quand ils n'ont que faire ailleurs, & qu'elle leur ſert comme de rendez-vous, il eſt à propos de les y faire paroiſtre auec leurs bâtons couuers de velours noir, & garnis de pommes & virolles d'yuoire. Apres quoy nous ſuiurons ſimplement l'ordre de la marche, ſans affecter d'autre liaiſon dans le diſcours que celle qui y parut en effet.

Quatre Trompettes de la Chambre, veſtus de leurs caſaques ordinaires de velours bleu, ga-lonnées d'or & d'argent, qui de temps en temps rempliſſoient l'air de mille fanfares.

Dix-neuf Herauts, veſtus de leurs habits ordinaires de poutre-ſoye violette, & par deſſus de leurs cottes d'armes de velours de meſme couleur, ſemées deuant & derriere de trois grandes Fleurs-de-Lys d'or, marquées ſur la manche d'vne deuiſe ou tiltre particulie, comme Anjou, Alençon, &c. Ils eſtoient ſur des cheuaux houſſez de velours auſſi violet, & marchoient deux à deux, la toque ſur la teſte, ornée d'vn cordon d'or, & d'vn bouquet de plumes violettes & blan-ches, & dans leurs mains le Caducée, qui eſt vn bâton couuert de velours Fleur-de-lyſé. Le Sieur de Breton Roy d'arme au tiltre de Mont-joye ſaint Denys, alloit le dernier, & eſtoit diſtingué particulierement des autres Herauts, en ce qu'il auoit au plus haut de ſon bâton, nommé Sceptre, vne Fleur-de-Lys d'or maſſif.

G G G

Le Marquis de la Milleraye Grand Maiſtre de l'Artillerie, ſeul.

Les Mareſchaux de France deux à deux, ſçauoir Meſſieurs Fabert & Clerambaut, la Ferté, & Villeroy, & d'Eſtrez Doyen de cét illuſtre corps ſeul.

Le Comte d'Harcoûr grand Eſcuyer, portant l'Epée Royalle dans ſon fourreau de velours pers Fleurdelyſé, couchée le long de l'encolure de ſon cheual, & appuyée ſur ſon bras gauche. Il eſtoit ſuiuy de tous les grands & petits Valets de pied, veſtus des meſmes couleurs, mais plus proprement & richement que de couſtume.

Le Dais, appellé par quelques vns Poëſle, ou Ciel, eſtoit porté alternatiuement par les Eſcheuins, & les Gardes des ſix Corps, ainſi qu'il a eſté dit dans leur marche; non ſur la perſonne du Roy, quoy que ſon établiſſement ſoit ſans doûte à cét vſage; mais immediatement deuant luy, tant à cauſe de l'incommodité & de l'embarras que cette Ceremonie pourroit cauſer ſi elle eſtoit obſeruée à la lettre, que pour ne pas cacher au peuple, & dérober à la veüe de tant de Spectateurs, vne Teſte ſi digne de la Couronne qu'elle porte, ſi cherie, & ſi reuerée. Les pentes de ce Dais eſtoient d'vn brocar d'or, dont on auoit garny le dedans & les quatre piliers qui le ſoûtenoient. Vne riche broderie releuoit les armes de France & de Nauarre, accolées des deux Colliers de l'Ordre, & ſurmontées de la Couronne fermée dans le milieu de chacune de ſes pentes, bordées par haut d'vn mollet & par bas d'vne creſpine auſſi d'or.

LE ROY.

Quant tout cét appareil n'auroit pas déſigné la marche prochaine du Triomphateur, le port & la mine de celuy qui ſuiuoit, l'auroit toûjours fait prendre pour le principal Acteur, & le Maiſtre de cette grande Ceremonie. Ainſi toute cette eſcorte d'Officiers qui marchoient à pied autour de ſa perſonne, ſembloit plûtoſt ordonnée pour ſatisfaire à la coûtume & à l'vſage, que pour la diſtinction du Roy d'auec les autres Princes & Seigneurs qui eurent l'honneur de l'accompagner. Son habillement a déja parû ſur le Trône. Quant à ſa monture elle eſtoit d'vn cheual d'Eſpagne bay fort brun, richement enharnaché, & couuert d'vne houſſe de pareille étoffe & broderie que l'habit de ſa Majeſté, qui auoit deuant Elle ſon Porte-manteau au milieu de deux Huiſſiers de ſa Chambre auec leurs maſſes; & à ſes coſtez tirant vers la teſte de ſon cheual ſix Eſcuyers bottez & éperonnez auec quelques Gentils-hommes ordinaires.

Les vingt-quatre Archers de la Garde Eſcoſſoiſe auec leurs hoquetons & pertuiſannes l'enuironnoient, ayans à leur teſte leurs Lieutenant & Enſeigne auſſi à pied auec le bâton de commandement.

Immediatement derriere le Roy & ſur vne meſme ligne marchoient à cheual le Duc de Boüillon Grand Chambellan à la droite de tous; le Duc de Treſme, Capitaine des Gardes-du-Corps à ſa gauche; & en ſuite le Sieur de Beringhen premier Eſcuyer; & le Duc de Crequy premier Gentil-homme de la Chambre.

Monſieur Frere vnique du Roy monté ſur vn barbe blanc, équippé auſſi galamment qu'aucun de la trouppe alloit ſeul, ayant deuant luy vn de ſes Eſcuyers à pied, & derriere les Comtes de Claire & de Vaillac Capitaine des Gardes, & ſon premier Eſcuyer à cheual.

Les trois Princes du ſang ſuiuoient auec chacun vn Eſcuyer à pied, le Prince de Condé eſtant au milieu, & ayant à ſa droite le Duc d'Enguien ſon fils; & à ſa gauche ſon frere le Prince de Conty.

Le Comte de Soiſſons ſeul ainſi qu'il auoit eſté decidé le jour precedent. Et ce fut le ſujet pour lequel les anciens Ducs ne voulurent point prendre les places ſuiuantes; leſquelles dans la verité ils auoient conſenty d'accepter mais ſous deux conditions; l'vne que cette marche ne pourroit prejudicier, ny eſtre tirée à conſequence à l'aduenir, contre la pretention qu'ils ont de ne ceder qu'aux Princes du ſang, dont meſme ſon Eminence leur auoit offert vn Eſcrit de la part du Roy. L'autre, qui fut la pierre d'achoppement, que l'ancien d'entre eux iroit au coſté de ce Comte.

Ainſi il ne s'y trouua que les Ducs de Noirmonſtier, d'Arpajoux, de la Viéville, & de

Rocquelaure. Apres lefquels marcherent les Marquis de Villequier, & de Charoft, Capitaines des Gardes-du-Corps, qui eftoient là fans fonction.

Il n'en eftoit pas de mefme du Marquis d'Humieres, & du Cheualier de Pequilin-laufun, qui parurent en fuite auec leurs bâtons de commandement, couuerts de velours bleu, & entortillés d'vne non-pareille mélée d'or d'argent & de foye rouge. Ils eftoient à la tefte de deux cent Gentils-hommes qui filoient à cheual fur quatre lignes, ayans dans leurs mains vne efpece d'hache d'armes, ou de petite hallebarde, dont le manche eft couuert de velours bleu, & la tefte dorée, faite en forme d'vn marteau à pointe d'vn cofté, & de l'autre d'vn bec de faucon; ce qui les fit nommer autrefois Gentils-hommes au bec de faucon, & depuis au bec de Corbin; Et qui ayans efté établis, il y a plufieurs centaines d'années pour la Garde de nos Roys, ont conferué cét auantage de paroiftre encore à prefent dans les plus Auguftes Ceremonies. Leur marche en celle-cy eftoit de faire vne efpece de haye depuis la Reyne en auant.

Ce fut dans cét interualle où fe plaça le Preuoft des Marchands apres qu'il eût prefenté le Dais à leurs Majeftez, à la porte de la Ville, & qui feruit comme de Rendez-vous aux Efcheuins, & aux Gardes des fix Corps, lors qu'ils ceffoient de les porter.

La Haquenée blanche de la Reyne fuiuoit conduite par deux de fes Efcuyers à pied, & accoftée de deux Pages, qui foûtenoient les pentes de fa houffe riche & éclatante au poffible.

Et en fuite le Marquis de Hautefort fon premier Efcuyer entouré des Valets de pieds.

LA REYNE.

Le Dais fait & porté, ainfi qu'il a efté dit de celuy du Roy, duquel il differoit feulement, en ce que l'Efcuffon de fes armes eftoit my-party de France & d'Efpagne.

La Reyne feule dans fa Caléche que l'on ne peut mieux reprefenter que par ces magnifiques Chars de Triomphe, dont l'ancienne Rome nous a laiffé quelque peinture; Elle eftoit toute dé-couuerte, à la referue d'vn petit Dais en forme de pauillon à pans, affez éleué fur le derriere, & foûtenu par deux legeres colomnes couuertes auffi bien que le dehors & le dedans de ce Char, d'vne riche étoffe d'argent, brodée d'or trait, auec tant d'adreffe, que dans l'abondance & la ma-gnificéce d'vn deffein fi furprenant en toutes fes parties, on ne laiffoit pas d'y remarquer en certains lieux des branches & des fleurs de ces arbres qui font les fymboles de la Paix & de l'Amour; mais fur tout on voyoit fe détacher & fortir, autour du Brancar de cette Caléche & fur fon pauillon, des feftons d'vne inuention toute particuliere; Pour correfpondre à cette magnificence on auoit doré tout le refte du train auquel eftoient attelez par des tiffus d'or & d'argent, fix cheuaux de Danne-marc couuerts de longues houffes, dont la broderie n'eftoit pas moindre que celle de la Calé-che. Elle auoit à chacune de fes portieres deux Efcuyers à pied.

Le Duc de Bournonville, que la Ville auoit laiffé fur le Trône, comme Cheualier d'honneur de la Reyne, tenoit icy la droite vn peu auancé vers les roües de deuant.

Vis à vis celles de derriere, ou approchant, & du mefme cofté le Comte de Füenfaldagne Am-baffadeur du Roy d'Efpagne, & qui reprefentoit le Majordome de la maifon de cette Princeffe, marchoit fur vn des cheuaux qu'il auoit amené de fon pays, & qui apparemment n'eftoit pas des moindres. Il eftoit veftu d'vn habit en broderie, approprié à la Françoife, efcorté de quatre Gentils-hommes à pied, & fuiuy de vingt Pages, & de quarante Eftaffiers à fes liurées, qui font d'vne étoffe de foye füeille-morte, releuée par vne broderie de deux à trois doits au lieu de galons.

Le Duc de Guife alloit à la main gauche, monté fur vn cheual Turc, & enuironné de fes Mores; la maifon de Lorraine ayant obtenu cette place qui s'eftendoit derriere la Caléche on y vit les au-tres Princes de cette famille, comme le Duc d'Elbeuf, les Comtes de Liflebonne & d'Armagnac, & le Cheualier de Loraine, dans vn équipage digne de leur naiffance, & de la belle galanterie dont ils font profeffion.

Les Caroffes du Corps fuiuoient, dans lefquels s'eftoient mifes à la décente du Trône, les Prin-ceffes du Sang, les autres Princeffes, & les Dames d'honneur & d'atours. Le premier eftoit dou-blé, & reueftu d'vn velours rouge cramoify brodé auec fi peu d'épargne qu'on l'auroit crû eftre d'Orféverie. Le fecond eftoit bien de mefme étoffe; mais non fi foigneufement & fi profufément enrichy. L'vn & l'autre auoit pour attelage fix cheuaux enharnachez, & caparaçonnez à l'auenant.

Les filles de la Reyne & les autres Dames, qui n'eurent pas entrée dans ces Caroſſes, ſe place_
rent dans les trois ſuiuans auſſi attelez de ſix cheuaux.

A la ſuite deſquels paroiſſoient les Gardes du Corps à cheual quatre à quatre, au nombre de cent
quatre vingt & plus. Ils portoient leurs carabines hautes, & auoient leurs caſaques de drap bleu,
galonnées d'argent, & enrichies ſur le deuant & ſur le derriere d'vne croix en broderie formée par
douze Lys, & par quatre Couronnes Royalles.

Les cent trente Genſdarmes qui fermoient cette marche triomphante, eſtoient ceints de leurs
écharpes blanches, & auoient leurs caſaques d'écarlate, enrichies de galons & de boutons d'or, &
d'argent. Leurs Officiers marchoient en teſte, & auant tous le Mareſchal d'Albret, precedé de
trois Trompettes, de quatre Pages, & de douze laquais.

Quelques Officiers de la Venerie, & de la Fauconnerie, auec leurs caſaques bleües ſuiuirent.
Apres quoy les Compagnies Bourgeoiſes qui s'eſtoient miſes dés le matin en haye commencerent à deffiler, la Ville ayant laiſſé la liberté à chacun de s'en retourner en ſon quartier par le chemin
qu'elle trouueroit luy eſtre le plus commode. Et ce fut vne choſe aſſez étonnante, & aſſeurément
juſqu'à ce jour-là inoüye, qu'vne ſi effroyable multitude de monde, apres auoir eſté témoin dans
l'eſpace d'vn Soleil de la plus belle & de la plus magnifique Entrée qui ſe ſoit encore veüe dans
Paris, ait pû ſe retirer en ſa maiſon, auant ſept heures du ſoir.

Il n'en eſtoit que ſix lors que le Roy & la Reyne arriuerent dans le Louvre, quoy qu'ils ſe fuſſent
arreſtez deuant la maiſon de la Dame de Beauuais, & qu'au reſte ils marchaſſent aſſez lentement,
tant pour donner le temps à leurs Sujets de les conſiderer, que pour examiner eux-meſmes plus à
loiſir ce qui ſe paſſoit, & joüir des acclamations dont retentiſſoient toutes les rües; leſquelles par-
tans d'vn cœur ſincere & paſſionné ne faiſoient pas moins la joye que la gloire de leurs Majeſtez.

Elles furent receües dans ce Royal Chaſteau par la Reyne-Mere, qui prit vn chemin détourné
pour s'y rendre plûtoſt, & les preuenir.

Apres quoy les Preuoſt des Marchands & Eſcheuins ſe retirerent auec toute la recompenſe qu'ils
pouuoient attendre de leurs trauaux; le Roy ayant eu la bonté de témoigner hautement la ſatisfaction qui luy en demeuroit, & tout le monde publiant qu'il ne s'eſtoit jamais veu tant d'ordre, &
moins de confuſion dans vn rencontre, dont on l'auoit connu par experience juſques icy inſeparable. Et en effet, ne ſeroit-ce pas vne eſpece de miracle que dans vne ſemblable affluence on n'ait
pas trouué le moindre embarras dans des rües qui n'en ſont preſque jamais exemptes; & que ſur
vne ſi grande quantité d'Eſchaffauts & d'Amphitheatres, qui ſembloient vouloir eſcalader les
Cieux, & qui auoient eſté éleuez en ſi peu de temps, il n'y ait pas eu vne perſonne de bleſſée, ſi
tout Paris n'auoit eſté témoin des ſoins, & des peines que prirent ſes Magiſtrats Municipaux, auſ-
quels la Police a eſté attribuée en ces occaſions par tant de jugemens Souuerains, tant pour faire
examiner en leur preſence, que pour preuoir & regler toutes choſes?

Le Te Deum chanté dans nostre Dame.

SVITES
ET CONCLVSION
DE L'ENTRE'E
DE LEVRS MAIESTEZ,
EN LA VILLE DE PARIS·

ETTE Relation quoy que déja affez exacte & affez enrichie, ne me fembleroit pas complette, fi je n'y adjoûtois cette quatriéme & derniere partie qui ne dérogera point à la dignité de l'ouurage ; La ceremonie dont il entreprend la defcription, fut fi majeftueufe & fi confiderable en toutes fes circonftances que je ne vois pas où affeoir de jugement pour la preference de l'vne fur l'autre, bien-loin de vouloir entreprendre de donner l'exclufion à aucune. C'eft dans cét efprit que je me trouue icy engagé de parler du *Te-Deum*, des Feux de joye, des Prifonniers déliurez en confequence de cette triomphante Entrée, & mefme de l'Anniuerfaire qui en fut celebré dans la mefme Ville au fujet de la naiffance de Monfeigneur le Dauphin, que l'on peut dire eftre le plus confiderable prefent dont le Ciel pouuoit récompenfer le zele & les vœux faits auec tant d'ardeur par fes Habitans.

LE TE·DEVM
CHANTE' DANS L'EGLISE
DE NOSTRE·DAME·

QVoy que jufques icy dans toutes les Entrées folemnelles qui fe font faites on ait obferué de paffer par l'Eglife Metropolitaine pour y rendre graces à Dieu de l'heureux retour, & des autres aduantages qui donnent lieu à ces Triomphes, on jugea à propos en celuy-cy de s'en difpenfer par la neceffité du temps qui dans toutes les apparences deuoit marquer, & l'on creut que l'on ne dérogeroit en rien à cette loüable couftume, fi on la remettoit au lendemain, pour s'en acquitter auec plus de loifir & de magnificence.

Ainfi les ordres furent donnez pour le vingt-feptiéme jour d'Aouft à trois-heures apres midy auquel temps chacun s'eftant rendu dans Noftre-Dame, on y chanta le *Te-Deum* en Mufique, auec les Prieres pour le Roy, & les Oraifons accouftumées. Leurs Majeftez y furent en caroffe, entre deux hayes de Soldats du Regiment des Gardes, qui bordoient les ruës, depuis le Louvre jufques à l'Eglife.

Au milieu du Chœur de ce magnifique Temple orné de riches Tapifferies, & encore plus par les Figures viuantes qui eftoient au deffus, & qui rempliffoient les voûtes, on

A A A A

auoit éleué vne grande eſtrade de trois degrez ſur laquelle on auoit mis deux Prié-Dieu couuerts de grands tapis, & de carreaux de velours rouge cramoiſy. Cette Eſtrade ou haut Dais en auoit vne autre plus petite & plus baſſe à ſa droite garnie de velours noir, diſpoſée en ſorte qu'elle laiſſoit vn petit paſſage entre elles, & n'embaraſſoit pas celuy qui eſt pour l'ordinaire le long des chaires, l'vn & l'autre eſtoit couuert de ſes Dais ſans queuë ſuſpendus en l'air.

Le Parlement en Robbes-rouges, auoit pris comme il a de couſtume, tous les ſieges qui ſont à la droite en entrant, à la reſerue des ſix derniers, que l'on conſerue pour les Chanoines; le Premier Preſident s'eſtant mis ſur celuy qui eſt le plus proche de l'Autel, au lieu que quand le Roy n'y doit point eſtre il prend celuy qui en eſt le plus éloigné.

Le premier Preſident de la Chambre des Comptes eſtoit de l'autre coſté vis à vis, ſuiuy des autres Officiers de ce Corps en leurs habits de ceremonie comme le jour precedent, qui s'aſſirent comme ils purent dans les ſeize ſieges hauts & autant en bas qui leur furent marquez.

La Cour des Aydes ſe mit au deſſous dans les huict places ſuiuantes, enſorte qu'il n'en reſtoit plus que cinq juſques à celles du bout où ſe deuoient mettre les Chanoines.

Le Preuoſt des Marchands s'aſſit ſur celle qui les joignoit, les ſuiuantes en remontant à ladite Cour des Aydes, tant en haut qu'enbas, furent occupées par les Eſcheuins & autres Officiers de la Ville tous en habits de Ceremonie, dont les principaux auoient changé le matin, car les Sieurs de la Mouche, & Heliſſan qui auoient eſté éleus Eſcheuins dès le l'endemain de la my-Aouſt, preſterent le Serment entre les mains du Roy, & en cette qualité aſſiſterent à ce *Te-Deum*, auec les Sieurs Preuoſt, & Dujour, qui eſtoient montez aux deux premieres places.

Le Doyen & les Chanoines de l'Egliſe de Paris, prirent celles qui leur auoient eſté conſeruées des deux coſtez de la porte du Chœur. Vne partie des Chantres ſe mit au Lutrin, le reſte de la Muſique eſtoit au haut du Iubé.

Outre ces places ordinaires, on auoit diſpoſé pluſieurs rangs de ſieges couuerts de tapiſſerie, enſorte qu'ils ſe regardoient & n'empeſchoient en aucune façon la veüe de l'Autel ny le paſſage des portes de la croiſſée.

Le Clergé dont les Eueſques eſtoient en Rochet & Camail, prit les plus proches de l'Autel du coſté de l'Epiſtre, & ainſi ſe trouuoit à la droite du Roy.

Les Ambaſſadeurs s'aſſirent vis à vis, & auoient entre-eux & la Reyne, d'autres bans, le premier deſquels fut occupé par les quatre Secretaires d'Eſtat.

Le Conſeil eſtoit à la droite du Roy, ſur ceux que l'on auoit placez entre le Clergé & le haut Dais de la Reyne-Mere, Monſieur le Chancelier à la teſte ſur ſa chaiſe à bras ſans doſſier, ayant deuant luy les Huiſſiers à la Chaiſne à genoux; il eſtoit veſtu d'vne ſoutanne de ſatin noir, & d'vne longue Robbe à manches larges, & froncées, de velours rouge cramoiſy.

Le Roy arriua au bruit des Trompettes de ſa Chambre, des Fifres & des Tambours des Suiſſes de ſa Garde qui demeurerent en haye dans la Nef, & parmy les acclamations d'vne multitude de peuple que l'affection pour le ſeruice de ſon Prince, & la curioſité aſſez naturelle aux François auoient attiré auec autant d'empreſſement & plus de confuſion que le jour precedent, auſſi le lieu de la ceremonie eſtoit-il moins eſtendu. Sa Majeſté ſe mit deuant le prié-Dieu qui luy auoit eſté preparé à la droite, la Reyne ſon Eſpouſe à la gauche, la Reyne-Mere ſur celuy qui eſtoit couuert de noir, auec ſes Officiers auprés d'elle.

Monſieur Frere vnique du Roy, qui auoit amené la Reyne, s'agenoüilla proche d'elle ſur vn carreau, comme firent auſſi Mademoiſelle, les Princes & Princeſſes du Sang, ſur les tapis de pied, les autres Princes & Officiers de la Couronne aux enuirons ſur le haut Dais.

Le Grand Chambelan, le premier Gentil-homme de la Chambre, & le Capitaine des Gardes du Corps eſtoient derriere le Roy.

Les deux Huiſſiers de ſa Chambre auec leurs Maſſes deuant leurs Majeſtez à genoux, comme auſſi les Herauts-d'Armes, mais plus aduancez vers l'Autel.

Les Gardes de la Manche auec leurs hoquetons & pertuifannes, eftoient debout au coin du haut Dais.

D'où les Aumôniers en Rochet auec le manteau long par deffus & le bonnet carré à la main, faifoient haye à l'Autel.

Le grand Maiftre & le Maiftre des Ceremonies, apres auoir donné les ordres par tout, fe tinrent debout deuant le Roy, entre le Clergé & les Ambaffadeurs.

Le *Te-Deum* chanté & les Prieres acheuées, leurs Majeftez s'en retournerent par le mefme cofté qu'elles eftoient entrées, le long des fieges qu'occupoit le Parlement; Elles auoient efté receües à leur arriuée par le Clergé de Noftre-Dame, qui les attendoit à la porte de l'Eglife, auec la Croix & l'eau-Benifte, où Monfieur de Conte Doyen, qui Officioit en l'abfence de l'Archevefque, les complimenta au nom du Chapitre.

FEV D'ARTIFICE.

 A joye auec laquelle leurs Majeftez furent receües dans la Capitale de leur Royaume, eftoit trop grande, pour n'en pas donner les dernieres & plus éclatantes marques; Cette paffion a cela de commun auec l'amour qu'elle ne fe cache guerre, & dans vn nombre infiny d'autres rapports elle trouue cét aduantage de ne pouuoir eftre foupçonnée long-temps de déguifement. Quoy que chacun fe fut efforcé de témoigner le feu dont fon cœur eftoit embrafé, par ceux qu'il alluma deuant fa porte, ou qu'il fit briller à fes feneftres; Il en falloit vn general qui reünift tous les autres, & qui fift connoiftre que nos Magiftrats n'auoient rien oublié de ce qui pouuoit faire conceuoir à leurs Majeftez l'efprit dans lequel elles auoient efté receües par ce grand monde dont ils ont la conduite.

De tout temps la lumiere a efté le fymbole de la joye; Homere dit que celle d'vne maifon paroift au feu qu'elle allume, & nous apprenons de l'antiquité que les peuples d'Achaïe ayant à rendre des honneurs extraordinaires à la Diuinité qu'ils adoroient fous le nom de Bacchus, ne trouuerent point de meilleure inuention, que de remplir les Temples qui luy eftoient dédiez, d'vn nombre infiny de Lampes allumées, parce qu'eftant le Dieu de la joye, ainfi que Virgile le qualifie dans fon Æneïde: *Lætitiæ Bacchus dator*, cét attribut fingulier ne pouuoit eftre mieux exprimé que par ces lumieres qui donnerent le nom de Lampteres à ces feftes.

Or comme le feu ne produit pas feulement de la lumiere, mais qu'il contient & donne de la chaleur, il fembloit feul capable de bien reprefenter la difpofition des ames & des cœurs de ce peuple à l'arriuée de fes Souuerains; Et il eftoit bien raifonnable qu'apres auoir receu toutes les marques d'eftime, de refpect, & de foumiffion de leurs Sujets, ils demeuraffent perfuadez de la fincerité de l'efprit qui les animoit, ce qu'il eftoit impoffible de faire par vn fymbole plus aduantageux ny plus fauorable que celuy dont nous parlons, puis que c'eft le mefme que le Dieu dont ils font les images fur la terre, a exigé du culte des hommes. Dans les premieres inftructions qui leur donna pour la batiffe de fon Temple; Il ordonna le chandelier d'or à fept branches, dont les lampes deuoient brûler inceffamment dans le Sanctuaire, pour apprendre à ceux qui en approcheroient, de le faire auec joye & auec amour; ainfi donc fort à propos cette grande Ceremonie fut elle concluë par le feu d'artifice qui joüa deuant le Louvre le Dimanche fuiuant.

Meffieurs les Preuoft des Marchans & Efcheuins en auoient donné la conduite fans aucune reftriction de la dépence au Sieur Liegeois, depuis le temps qu'ils l'auoient ordonné en ce lieu, comme plus commode à leurs Majeftez, & plus aduantageux pour l'artifice qui paroift toûjours mieux fur les eaux que fur la terre; Et ce fubtil Ingenieur n'efpargna rien pour correfpondre à l'attente publique; Il crut qui ne pouuoit prendre vn fujet plus fauorable pour fa decoration que la conquefte de la Thoifon d'or, quoy que cette matiere ait efté rebatuë diuerfes fois, que cette hiftoire ait paru fur le Theatre en mille occafions, elle fe trouua fi propre à celle du lieu & du temps qu'on ne peût pas luy en donner l'exclufion.

Sur cette penfée l'Ingenieur fait fabriquer vn vaiffeau de foixante & douze pieds de long équipé de fes mats, de fes voiles, & de fes cordages, comme ceux que l'on voit voguer fur les Mers; Et qui bien que bafty à l'antique, pouuoit fort bien paffer pour celuy qui fert de Hieroglyfique à la Ville de Paris, & qui remplit fi heureufement l'Efcuffon de fes Armes.

Vne grande Sirène, qui portoit fur fa tefte en ronde boffe vn Dauphin écaillé d'argent & couronné d'or, formoit le deuant de ce Nauire, dont la pouppe eftoit ornée d'vn grand cartouche aux Armes de France, accolé de deux Tritons qui paroiffoient de relief, auffi bien que les feftons, les trophées de Mer, & les cordons qui formoient le dehors de ce

fuperbe

ſuperbe baſtiment, qu'vn excellent Peintre en cette matiere nommé Bourdon, auoit enrichy ſoigneuſement & artiſtement élabouré.

Le dedans n'auoit pas eſté eſtudié auec moins de ſoin, on voyoit au plus haut du grand maſt, dont la haune eſtoit formée par vne Couronne d'or Fleurdeliſée, vn Soleil de douze pieds de diametre, qui portoit dans ſon centre vn chifre de ces trois lettres L. M. T. entre-laſſées, tout à fait agreable à la veüe, & ſi bien démelé que chacun y liſoit facilement les noms Auguſtes du Roy & de la Reyne.

A l'extremité de la pouppe au lieu où ſe met ordinairement la lanterne, il y auoit vn Globe celeſte de vingt-pieds de tour ſouſtenu par deux figures, l'vne veſtuë de blanc & de bleu, l'autre de rouge & de jaune, & toutes deux de long auec des ailes, pour mieux repreſenter les Intelligences que les Philoſophes diſent mouuoir ces ſortes de corps, ou plûtoſt ſous leurs figures les deux Genies de France & d'Eſpagne, qui d'vn commun concert & par vn mutuel accord luy donnoient vn mouuement égal & perpetuel, au moyen duquel tous les Peuples qui bordoient la Riuiere, eſtoient inſtruits du bon-heur qui leur eſtoit promis par cette nou-uelle conſtellation dont nous venons de parler ; dans la lecture de cette inſcription Latine : *Tali ſub ſidere fœlix*, releuée en gros caracteres d'or, ſur la bande ou ceinture qui ſeruoit comme de Zodiaque au Globe.

Audeuant duquel paroiſſoit ſur le tillac, en la partie plus eminente, vne grande figure aſſiſe dans vne eſpece de Trône, qui tournoit de tous coſtez la teſte, & qui par la majeſté de ſon port & la magnificence de ſes habits ſe faiſoit reconnoiſtre pour le chef ; il tenoit dans ſa main vne Thoiſon d'or, & quoy que veſtu à la Grecque, beaucoup le prenoient pour vn Prince François.

Le reſte du Vaiſſeau eſtoit remply de ſes Officiers & Soldats, dont pluſieurs ayans le pot en teſte, & les armes à l'vſage du païs & du temps, garniſſoient ſuffiſamment les bords par le dedans, comme le dehors l'eſtoit par leurs boucliers, chargez chacun de leurs deuiſes en let-tres d'or, & entourez d'vne Couronne naturelle de Laurier, ſuiuant la pratique ordinaire des Conquerans, lors qu'ils reuenoient de leurs voyages.

Ces deuiſes n'ont point d'autre corps que le Vaiſſeau meſme, & peuuent eſtre ainſi expli-quées & appliquées.

NOBIS HÆC OTIA FECIT.

THERESE en s'approchant de ces aimables lieux
Y remit le repos & nous rendit heureux.

DIVINO FOEDERE TVTA.

De THERESE & LOVYS la diuine alliance
Me fera déſormais voguer en aſſeurance.

CONTEMNIT TVTA PROCELLAS.

Sous les Aſtres benins de THERESE & LOVYS
Ce vaiſſeau ne craint plus les flots enorgueillis.

MODO NVLLA TONITRVA TVRBANT.

Que les foudres des Dieux eſpouuantent la terre,
Ie vogue déſormais ſans craindre leur Tonnere.

EXPLORAVIT HYEMS.

Plus d'vn Hyuer fâcheux m'a donné de l'employ :
Mais il n'a jamais pû rien gaigner deſſus moy.

GEMINOQVE FACIT COMMERCIA MVNDO.

Entretenant commerce en l'vn & l'autre monde,
Qu'on ne s'eſtonne pas ſi d'argent elle abonde.

BBBB

REGES EN ALTERA QVÆ VEHIT ARGO.
Voicy cét autre Argo qui depuis tant de temps
A l'honneur de porter nos Monarques puissants.

TANTO SECVRA MAGISTRO.
Que puis-je apprehender, mesme dedans l'orage,
Voyant mon Gouuernail dans vne main si sage !

VT VARIAT MOVEOR.
Si les bontez du ROY me comblent de tous biens,
C'est que ses mouuements font la regle des miens.

IMMOTAMQVE COLI DEDIT ET CONTEMNERE VENTOS.
Toute ma fermeté vient de son grand courage,
Par luy l'on me respecte & je braue l'orage.

PLENIS SVBIT OSTIA VELIS.
Enflée de porter vn si rare tresor,
On me voit regaigner à pleins voiles le port.

PORTANS CVM PALLADE TYPHIN.
Je porte dans mon bord la force & la sagesse
En mon braue Typhis & Pallas ma maitresse.

SOLVS POST NVMINA TYPHIS.
Ie voy bien que les Dieux ont pris grand soin de moy ;
Mais apres eux, Thyphis ! mon salut vient de toy.

CVR NON AD SYDERA TENDAM.
Plus illustre qu'Argo je puis aussi bien qu'elle
M'éleuant dans les Cieux , deuenir eternelle.

Pour bien prendre le sens de ces Vers, il est necessaire de sçauoir que le Vaisseau Argo dont les Anciens ont fait vne des constellations celestes, croyans qu'au retour de ses belles expeditions, il eût esté transporté dans les Cieux ; estoit conduit par vn excellent Pilote nommé Typhis, aux soins duquel les Argonautes & Iason mesme qui estoit leur chef, reconnoissoit auoir des obligations particulieres.

Le Dimanche vingt-neufviéme du mois d'Aoust, dés la pointe du jour ce Vaisseau équipé comme nous l'auons representé cy-deuant, parut à l'Ancre vis à vis le Chasteau du Louvre, au milieu de la Seine, dont les Berges, les Quais, & mesme les Batteaux auoient esté remplis d'échafauts par degrez, qui ne seruirent pas d'vn petit ornement à ce beau Fleuue ; car ce fut vne perspectiue bien agreable de voir toute l'appresdisnée sur les Areines liquides de ce vaste Amphiteatre chargé d'vn nombre infiny de Peuples, cent petites Barques peintes & adjustées, voltiger autour de ce superbe Vaisseau, comme pour luy rendre leurs hommages ; les plus grandes estoient équipées pour le feu de Ioye qui se tire tous les ans par les Mariniers, où les aspirans au prix paroissoient en la partie plus éleuée vestus de blanc, au milieu de quelques drappeaux, animez par le son des Tambours & des Trompettes, & accompagnez de plusieurs Soldats de mesme liurée ; les moindres seruoient à sa jouste, & n'auoient que des rameurs auec le champion, qui se tenoit fier sur la pointe jusqu'à ce qu'vn plus vigoureux ou plus adroit le fist trebuscher, en ce cas il nageoit jusqu'à ce que l'vne de ces barques vinst à son secours.

Ces jeux d'Eau finirent auec le jour, & pour ne pas laiſſer les Spectateurs ſans quelque diuertiſſement, dés l'entrée de la nuict diuers concerts d'Inſtruments s'exercerent aux enuiꞏrons du Vaiſſeau, ſuffiſamment éclairé par le moyen d'vn nombre infiny de lumieres de differentes couleurs diſpoſées tout le long du pont, en forme de baluſtres, & du Globe dont nous auons parlé, qui ſe vit ſemé d'eſtoilles brillantes, qui n'éclattoient pas moins que la Lune, & les Caracteres qui toute la journée auoient paru d'vn or tres-vif.

Sur les neuf-heures le Roy ayant fait donner le ſignal du Balcon qui eſt au bout de la petite Galerie où il eſtoit auec les Reynes, l'Ingenieur donna le ſien par vne fuſée volante; En meſme temps le Maiſtre de l'Artillerie de la Ville mit le feu aux Boëtes qu'il auoit diſpoſées ſur la Gréve, le long du Quay de l'Hoſtel de Neuers, en execution du mandement qui luy auoit eſté enuoyé de la part des Preuoſt des Marchands & Eſcheuins.

Cette agreable décharge eſtant faite, on vit paroiſtre au plus haut de la Tour de Neſle qui eſt directement oppoſée au Chaſteau du Louvre, vn artifice compoſé de douze cercles à feu, entremélez de quelque Girondolles, & de ſoixante & douze pots chargez de Sauſſiſſons volans joins à vnꞏnombre infiny de Fuſées de partement, qui dans leurs décharges recréerent aſſez long-temps les Spectateurs, dont les acclamations furent réueillées par la beauté de Fuſées volantes que l'Ingenieur tira d'vne Gondolle qu'il auoit fait décendre de quatre toiſes au deſſous de Vaiſſeau. La premiere douzaine qu'il fit paroiſtre, paſſa d'abord pour les plus parfaites qui ſe ſoient veües; mais comme dans vne occaſion de la nature de celle-cy, il falloit des efforts extraordinaires, il en lança dans les airs vne ſeconde douzaine qui ſurprit auec raiſon l'attente de tout le monde; ces Fuſées d'honneur eſtoient d'vne groſſeur inoüye, & quoy qu'elles peſaſſent juſques à douze liures chacune, elles ne laiſſoient pas de s'éleuer à perte de veüe, & faiſoient des effets ſi merueilleux par cette multitude de ſerpenteaux & d'eſtoilles dont l'air eſtoit remply, qui s'entrebatoient & ſe changeoient alternatiuement, que tout le monde demeura d'accord, meſme ceux du métier, qu'il n'auoit rien paru juſques alors de ſemblable, cependant ce n'eſtoit encore que les preludes du grand Artifice qui ne demeura pas long-temps à joüer.

L'on vit d'abord & en vn inſtant cette grande Machine prendre feu de tous coſtez, trois cent Lances d'vn calibre extraordinaire, brûloient comme aütant de flambeaux autour de ſes bords; Les couronnes ou guirlandes des quatorze boucliers changerent dans le meſme moment leurs feüilles, en des eſtoilles ſi éclatantes, qu'elles faiſoient honte à celles du Firmament; & quoy que cela paruſt aſſez nouueau, ce qui ſurprit dauantage, fut de voir renaiſtre ces feux dans le temps de leur extinction; Apres que ces premieres Lances furent finies & eurent fait leur effet, d'autres leur ſuccederent, & le Vaiſſeau parut auſſi éclairé qu'il l'auoit eſté du commencement; l'artifice recommença à joüer auec la meſme vigueur, & ce qui eſt hors de la creance, dura vne heure entiere, pendant laquelle l'air fut remply continuelement de bruit, mais d'vn bruit épouuantable; le Ciel d'eſtoilles & de ſerpenteaux, entretenus par les departements de Fuſées volantes & Sauciſſons, qui de temps en temps s'élançoient dans l'air du fond de ce Vaiſſeau, comme d'vn goufre; & l'eau, des feux qui ſortoient des Canons en Girondoles, en balons ou en fuſées, qui apres s'eſtre joüez agreablement ſur ce criſtal liquide, apres l'auoir parcouru, tantoſt en pyramide, tantoſt en cercles, ou en ſerpentant, s'enfonçoient au plus profond, puis ſe releuoient auec vigueur, & s'élançant dans les airs, comme pour deffier ceüx qui y auoient pris d'abord leur eſſor, ſe diſtribuoient de differentes manieres, ſelon la commiſſion qu'ils auoient receüe.

Enfin vn dernier partement de Fuſées volantes, ayant fait vn fracas effroyable, & remꞏply l'air d'vn feu ſurprenant; le Vaiſſeau demeura offuſqué d'vne ſi eſpaiſſe fumée qu'on l'eût perdu de veüe, ſi vne nouuelle conſtellation n'eût paru au plus haut de ſon maiſtre Mats, pour diſſiper tous ces nüages: ce qu'elle fit en vn inſtant; & au lieu de ces bruits, de ces tonneres, & de ces obſcuritez, on ne vit plus qu'vn Soleil tres-lumineux & ſerain, au centre duquel s'eſtoit faite cette heureuſe conjonction de LOVYS & MARIE THERESE, dont les noms formez par deux cent cinquante Eſtoilles, furent veus quelque temps, & benis pour l'Eternité par des millions de vœux tres-ſinceres.

Tanto securo magistro
Cur non ad hydera Typhus
Portans cum Pallade Typhin
Modo nulla tonitrua turbant
Plenis subit oscia belis

ESLARGISSEMENT
DES PRISONNIERS.

'E S T vne coûtume qui n'eſt ny extraordinaire ny nouuelle, que d'élargir des Priſonniers. De tout temps les Princes ont procuré cette faueur aux miſerables, en conſideration de leurs Entrées, de leurs Sacres, de leurs Mariages, & des autres occaſions de rejoüiſſances publiques : les particuliers meſmes en déliurent tous les jours, ou pour obtenir quelque grace du Ciel, ou pour reconnoiſtre celles qu'ils ont déja receuës ; il eſt vray que cette charité ne tombe que ſur ceux qui ſont retenus pour des debtes dont on compoſe & que l'on acquitte, au lieu que les Roys donnent la liberté aux criminels, & c'eſt la marque la plus eſſentielle de l'authorité Souueraine.

La puiſſance de celuy que la Prouidence de Dieu a eſtably ſi glorieuſement ſur le Trône de la France, auoit aſſez paru dans les ſoûmiſſions qui luy furent renduës ſur le haut Dais, les Arcs de Triomphe auoient publié ſa generoſité dans les belles & glorieuſes actions qu'elle auoit produites ; les Peuples par leurs cris & leurs acclamations auoient tâché de reconnoiſtre dans l'épanoüiſſement de leurs cœurs l'amour dont il eſtoit enflammé pour le bien de ſon Eſtat ; il reſtoit de voir éclater dans le meſme Triomphe ſes autres vertus Royalles ; & voicy qu'elles vont briller auec d'autant plus d'éclat qu'elles ſe produiront d'elles-meſmes, & agiront ſans aucun ſecours étranger ; Auſſi eſt-il queſtion de donner la vie à des hommes, & c'eſt vn droit de la Couronne, où les particuliers ne peuuent porter la main ſans crime ; les Roys ſont à la verité des hommes deuant Dieu ; mais ce ſont des Dieux au reſpect des autres hommes, & en cette qualité ils ont en leurs mains la vie & la mort ; ce priuilege emane de la puiſſance qu'ils tiennent de là haut, & les bons Princes en vſent comme ayans à en rendre compte en ce lieu là meſme.

C'eſt dans cette veuë que noſtre grand Monarque ayant à faire ouurir les Priſons, en faueur de ſon Entrée, veut qu'il ſoit fait diſtinction de ceux qui s'y trouuerront renfermez, quoy qu'il ait droit de donner la vie à tous, & qu'il puiſſe remettre toute ſorte de crimes, il en excepte quelques vns, comme le viol, l'inceſte, le duel, & ſemblables excés qui paroiſſent plus criminels deuant la Majeſté Diuine, & plus importans à abolir dans la ſocieté ciuile. Ainſi ſa Iuſtice & ſa Clemence marchent d'vne meſme pas dans ce Triomphe. Sa liberalité n'y tient pas vne place moins aduantageuſe ; car eſtant informé que nombre de miſerables reſtoient dans les Priſons où ils eſtoient retenus par leurs Creanciers, ſa Majeſté pour les ſortir d'affaires & leur rendre la liberté, fait mettre vne ſomme conſiderable de deniers entre les mains de l'Abbé de Coiſlin ſon premier Aumônier, auquel en l'abſence du Cardinal Anthoine Barberin grand Aumônier de France, eſtoit déuolu ce ſoing par le droit de ſa charge, en vertu de laquelle il aſſiſta dans toutes les Priſons à l'examen qui ſe fit par les Maiſtres des Requeſtes, y prenant toûjours la premiere place deſſus eux, attendu que cét œuure tient beaucoup de la pieté & de la charité, actions qui tombent dans la fonction des Aumôniers.

NAISSANCE
DE
MONSEIGNEVR
LE DAVFIN.

A naiſſance de cét Enfant Royal n'eſtant pas moins la gloire & le Couronnement, que le lien de la Paix & du Mariage qui ont donné lieu aux Ceremonies dont cette relation rapporte les circonſtances, inutilement chercheroit-on ailleurs où la bien finir, puis qu'il ne ſe peut trouuer de concluſion plus naturelle, ny plus glorieuſe pour cét ouurage que celle-cy. Il y auoit long-temps que la France n'auoit point veu de ſi bonne-heure reüiure ſes Monarques en la perſonne de leurs Succeſſeurs; & quoy que cette benediction luy deût eſtre nouuelle, comme elle luy eſt en quelque façon extraordinaire, elle l'a conſiderée ſans eſtonnement, & la receüe ſans aucune ſurpriſe, parce qu'elle l'attendoit auec quelque ſorte de certitude, mais non ſans beaucoup de joye, de reconnoiſſance, & de reſpect.

C'eſt par ces mouuemens que la ville de Paris, capitale de ce floriſſant Eſtat s'eſt toûjours ſignalée, & elle ne pouuoit les employer plus à propos que dans cette occaſion; voyons de qu'elle ſorte elle s'en acquitta, & comme il ne nous eſt pas donné de penetrer les cœurs, tâchons de conceuoir ſon zele par ce qu'il produiſit au dehors & à noſtre veüe.

La Reyne eſtant accouchée heureuſement le premier jour de Nouembre de l'année mil ſix cens ſoixante & vn, à quelques minuttes pres du midy, la nouuelle en fut bientoſt apportée de Fontaine-belleau à Paris; dés le ſoir meſme en quelques Egliſes particulieres on en chanta le *Te-Deum*, & en beaucoup de lieux on en fit des feux de joye. Ainſi les cloches du Palais, de la Ville, & de la Samaritaine qui commencerent le lendemain à ſonner en ſigne d'allegreſſe, les Boëttes & les Canons qui furent tirés dans la Gréve, dans l'Arſenac & ſur la Baſtille n'apprirent rien de nouueau, l'ordre qui fut porté par les quartiers de la part de l'Hoſtel de Ville, fuſt plûtoſt vn mandement de bienſeance que de neceſſité, & l'Arreſt que donna le Parlement le jour du *Te-Deum*, pour tenir les boutiques fermées, ne ſeruit qu'à l'acquiter de ſon deuoir, & à ſatisfaire à la coûtume; car dez auparauant chacun les auoit fermées, & inutilement en eut-on laiſſé d'ouuertes, puis que tout le monde ne ſongeoit qu'à ſe réjoüir, & que l'Artiſan auſſi bien que le Marchand, vouloit prendre ſa part de cette joye publique.

Ainſi feſte ne fuſt jamais ſi bien ny ſi long-temps ſolemniſée; mais comme la confuſion eſt inſeparable de ſes loüables emportemens, & que meſme elle deuient agreable en ces rencontres, je ne m'étudieray point à la démeler, & me contenteray de rapporter ſans ordre ce qui s'eſt paſſé dans Paris au ſujet dont nous traittons, & ce auec l'exactitude & la ſincerité que je me ſuis propoſé dans tout le cours de cét Ouurage.

Le deuxiéme du meſme mois de Nouembre, & le ſecond de la naiſſance du Daufin, le Sieur de Bois-commun Eſcuyer de la grande Eſcuyrie en apporta la nouuelle à l'Hoſtel-de-Ville, par deux lettres de Cachet adreſſantes, l'vne au Gouuerneur, & l'autre au Preuoſt des Marchands & Eſcheuins, en conſequence de laquelle les Sieurs de la Mouche, Heliſſan, de Monhere, & Fauerolle Eſcheuins, s'eſtant aſſemblés au Bureau de ladite Ville, auec le Duc de Bournonville qui en eſtoit lors Gouuerneur, & le Procureur du Roy, enuoyerent aux Quarteniers leurs Mandements pour ordonner les feux-de-joyes deuant toutes les portes, & des lanternes aux feneſtres des maiſons. Ils firent annoncer cependant cette grande nouuelle par le bruit des Canons & des Boëttes qu'ils auoient fait conduire à la Gréve, & par le ſon des Cloches de la Ville, du Palais, & de la Samaritaine, qu'on ne détourne jamais de l'employ de leurs Horloges que pour des Ceremonies extraordinaires, & des occaſions d'vne joye publique; & apres auoir donné à diſner au Porteur d'vne ſi belle nouuelle, ils le regalerent d'vne peſante chaîne d'or enrichie des médailles du Roy & de la Ville. Dés le jour mefme par leur ordre les canaux qui conduifent l'eau dans la Fontaine publique de cette place de Gréve, ayans efté fermés, on la vit non feulement le refte du jour, mais les fuiuans répandre du Vin par trois endroits dont le peuple allant & venant beuuoit fans ceffe les fantés de la Maifon Royalle.

La nuict approchant, chacun tâcha de s'éloigner, & il eftoit facheux de voir fitoft finir vn fi beau jour. Auffi peut on dire qu'il dura trois fois plus que les autres, car la Ville pendant tout ce temps, ne fut pas moins éclairée en l'abfence du Soleil, que lors qu'il eftoit fur l'Horifon, & fes ruës n'eftoient pas moins remplies de monde, tant s'en faut on y voyoit par tout des tables dreffées, les vnes pour le voifinage feulement, les autres deftinées à l'vfage du public, entre lefquelles on remarqua particulierement celles que le Prefident le Liepure Intendant de la Iuftice en la Generalité de Paris, fit feruir auec fi grande profufion de toutes fortes de viandes & de liqueurs, qu'il ne s'eft guere veu de regal public de cette force. Celuy du Procureur du Roy au Chaftelet fut auffi fort confiderable; mais je n'ay pas entrepris d'entrer fi fort dans le détail de ce qui fe paffa pendant les deux premiers jours de cette fefte, je me contenteray de dire que chacun y témoigna fa joye & fon zele par les Prieres, les Aumônes, les Diftributions publiques, les Mufiques, les Feftins, les Dances, & femblables actions plus conformes à l'humeur & à la profeffion d'vn chacun.

Le troifiéme les Efcheuins qui auoient efté mandez par le Parlement, s'y eftans rendus fur les neuf heures du matin, le premier Prefident leur fit entendre de la part de la Compagnie, la refolution prife pour le *Te-Deum*, & pour faire tenir les Boutiques fermées jufques au lendemain midy; en execution de laquelle ils fe rendirent à Noftre-Dame fur les trois-heures, accompagnés de la plus grande partie des Confeillers de Ville, en leurs habits de Ceremonie, où la Cour des Aydes, la Chambre des Comptes, & le Parlement en Robbe-rouge s'eftans rendus & ayans pris leurs places ordinaires, fçauoir le Parlement feul du cofté droit, fon premier Prefident dans la premiere chaire, en entrant dans le Chœur, & les deux autres Compagnies Soueraines auec la Ville de l'autre cofté; le *Te-Deum* y fut chanté en Mufique, auec les Prieres & les Ceremonies ordinaires.

Les Efcheuins retournerent à la Ville, où des le matin ils auoient fait venir leurs trois-cens Archers, pour éuiter la confufion, & donner libre entrée aux perfonnes de qualité qu'ils auoient conuiées au feu d'artifice qui fe deuoit tirer le foir dans la place. En attendant l'heure de ce diuertiffement, on leur donna celuy des Violons, des Hauts-bois, & des autres Inftrumens de cette nature: & pour ne les pas repaiftre entierement de vent & de fumée, on leur feruit vne grande Colation fournie de tout ce que la faifon & le jour qui fe trouuoit maigre, pouuoit permettre de plus exquis; le Peuple qui eftoit dans la place, fe rafraifchiffoit de fon cofté à la Fontaine qui continuoit de couler le Vin abondamment.

Le jour voulant finir, on alluma les Flambeaux & les lumieres dont le dehors de l'Hoftel-de-Ville & particulierement le Dome de l'Horloge eftoit reueftu, auec encore plus de profufion qu'il n'auoit paru les nuicts precedentes; le Canon & les Boëttes recommencerent pour la troifiéme fois de cette journée leurs décharges, & incontinent apres on mit le feu à l'artifice que Meffieurs de la Ville auoient pris foin de faire preparer depuis quelque temps, pour n'eftre pas furpris en vne occafion de cette importance, où leurs plus ardens defirs, & la voix du Peuple que l'on dit eftre celle de Dieu, leur infpiroit affez ce qui deuoit arriuer.

L'efchafaut ou le Theatre de forme carrée fur lequel fut pofé cét artifice dans le milieu de la place de Gréve, auoit vingt pieds de face, il eftoit éleué de quinze, & foûtenu par huict pilaftres qui formoiét autant d'arcades cintrées, dans l'impofte defquelles on auoit fait peindre des Daufins en pareil nombre. Sur le milieu de l'Eftrade s'éleuoit la principale decoration, confiftante en quatre Figures plus hautes que le naturel, qui reprefentoient la Force, la Temperance, la Prudence, & la Iuftice, vertus qui pour eftre les plus confiderables, & feruir comme de piuot & de fondement aux autres, font appellées Cardinales.

Vne groffe nuée paroiffoit au deffus de leurs teftes, laquelle venant à s'ouurir dans le temps que l'artifice tiroit auec plus de vigueur, vn Daufin parut dans fon fein fi lumineux & fi éclatant qu'on eût dit que le Ciel mefme s'ouuroit pour fe décharger de ce noble fardeau entre les mains de ces Vertus, par la frequentation & pratique defquelles les Roys fe font grands & redoutables, & fe rendent dignes de la veneration, de l'amour & de l'eftime non feulement de leurs Sujets, mais mefme des Eftrangers, & de la Pofterité.

Autour de cette decoration & fur le bord du premier Theatre, on auoit pofé vne baluftrade de trois pieds de haut, enrichie de quatre grands cartouches, dont deux eftoient remplis des armes de France & de Daufiné, & les deux autres chargées de ces Vers, qui pour eftre tirés de l'ancienne Poëfie, n'expliquoient pas mal le deffein de ce Feu, & faifoient affez conceuoir l'origine & la naiffance de ce Royal enfant, à l'honneur duquel cette machine auoit efté conftruicte.

Iam noua progenies Cælo demittitur alto, Et
    Credo equidem nec vana fides genus effe deorum.

Ce feu ne fut pas l'vnique de confideration qui fuft tiré dans Paris, on en vid chez les Princes de Condé, & de Conty, à l'Arfenac, au Palais Mazarin, à l'Hoftel de Guife, chez le Duc de Lediguiere Gouuerneur de Daufiné, & en tant d'autres endroits, qu'il faudroit parcourir toute la Ville, pour en faire vne exacte relation; mais entre tous, celuy du Palais d'Orleans l'emporta. Il eftoit compofé de trois corps d'artifice, dont deux aux coftez du Dome, & le troifiéme à fon fommet en forme de Girondolle; toute la face de ce Palais eftoit remplie de lanternes aux armes de France, peintes, & dorées, en fi grande quantité, qu'on en compta pres de deux mille.

Les Iefuites ne manquerent pas, à leur ordinaire, de fe fignaler en cette occafion, particulierement dans leur College, où ils firent éleuer dans le milieu de fa grande cour vn Theatre de feize pieds de haut, porté par feize pilaftres feins de marbre, chacune des faces eftoient ornée de quatre termes de relief qui fouftenoient l'architraue, les frifes & les corniches, au deffus de laquelle eftoit vne baluftrade dorée & embellie de feftons auffi de relief.

Au milieu de ce magnifique Theatre, s'éleuoit orgueilleufement vne Mer, d'où fortoient quatre puiffans Daufins Couronnez, qui de leurs queües en fouftenoient vn autre plus grand; l'éclat de l'or, dont il eftoit reueftu, effaçant la beauté des premiers faifoit affez entendre que celuy que nous auons receu du Ciel, s'éleuera par fes Royalles vertus, auffi bien que par fon rang au deffus de tous les Princes qui gouuernent dans le monde; & pour faire en mefme temps conceuoir qu'il n'y a aucune de fes parties qui ne doiue attendre vne puiffante protection de la France, à prefent qu'elle eft affermie par la naiffance de ce glorieux Daufin, vne vafte & riche Couronne fermée & Fleurdelifée, brilloit au plus haut de cét Edifice. Le feu n'y eut pas plûtoft efté mis, que tous fes brillans fe renouuellerent, & dans l'effet merueilleux de l'artifice on vid paroiftre en l'air d'vn cofté diuers Croiffans, aufquels vne eftoille naiffante donnoit la chaffe, & de l'autre vne grande eftoille fuiuie de plufieurs petites. Ces Phœnomenes artificiels fignifioient les Victoires remportées fur les Ottomans, aux approches de noftre Daufin, & les derniers marquoient que ce Prince qui paroift comme vn bel Aftre fur noftre Horifon, fera fuiuy de plufieurs autres qui fortiront encore du Mariage de leurs Majeftés, pour eftre les appuis de l'Eglife & de cette Monarchie.

Ie ne finiroit jamais fi je voulois particularifer ce qui fe fit en cette occafion, il fuffit d'adjoûter icy que toutes les Paroiffes tant de la Ville que des enuirons, vinrent le Samedy Proceffionnellement à Noftre-Dame, dont le Clergé marcha de mefme autour de la Cité par les ruës tapiffées, & accompagné du Corps de Ville qui renouuella encore fur le foir fes réjoüiffances, lefquelles furent enfin terminées par les compliments que les Cours Souueraines & les autres Corps firent à Fontaine-belleau par députez non feulement au Roy, mais à la Reyne-Mere, & à Monfeigneur le Daufin. Le Parlement, la Chambre des Comptes, & la Cour des Aydes eurent leurs Audiences le fixiéme, le Grand-Confeil, & la Cour des Monoyes le douze, & en fuite furent traittez fplendidement & feparément aux dépens du Roy, comme le fut auffi la Ville quelques jours apres, à la tefte de laquelle parut le Preuoft des Marchands, que fon indifpofition & le nouuel employ de Confeiller au Confeil Royal des Finances dont fa Majefté auoit eu la bonté de l'honorer, retenoit à Fontaine-belleau depuis quelque temps.

A PARIS,
De l'Imprimerie de François le Cointe, ruë faint Iacques
à l'Image faint Remy, prés le College du Pleffis-Sorbone.

M. DC. LXII.

PETRVS DE LAMOIGNON REGI A SANCTIORIBVS CONSILIIS ET IN SVPREMA COMPVTORVM CVRIA AVDITOR NEC NON PRIMARIVS VLTIMAVS DIES
J. Dieu Pin.
P. Lombart sculp.